THE HISTORY OF
KAOHSIUNG

# 大高雄歷史
—— 常設展 ——

高雄市立歷史博物館
KAOHSIUNG MUSEUM OF HISTORY

# 館長序

　　隨著臺灣社會民主化的進展，在地主體性的重要普遍為國民所體認，在地歷史的發掘與認識，地方學的興盛，成為顯學。其中，博物館或地方文化館也呼應這股潮流，開出多元精彩的花朵。

　　高雄市立歷史博物館位在市定古蹟「原高雄市役所」內，以文化資產的歷史現場空間展現高雄市的歷史與文化脈動，肩負保存、研究、展示、教育訓練等任務，讓民眾有一扇窗得以看見歷史。2020 年起配合打狗更名高雄百週年，推出「大高雄歷史常設展」，帶領民眾看見高雄發展軌跡，也展現了古蹟建築活化再利用的典範。

　　高雄這座城市的歷史發展，擁有得天獨厚的條件，港口、平原與豐富的山林資源。有著曾為臺灣第一大港口及綿密如網的交通線路，平原受到流域面積最廣的河川灌溉，豐富的自然景觀及多元的人文環境，交織成獨特的城市樣貌。

　　為了讓市民易於掌握高雄城市發展的關鍵因素，在常設展中，高史博跳脫傳統以「年代」呈現歷史展示的框架，以「水系」、「鐵道」、「海港」三大主題為敘事軸線，勾勒從小漁村到大城市的歷史脈動，以及「山、海、河、港」地景和多元文化，希望常設展不僅成為學習在地歷史的課室，也是遊客認識高雄的起點站。

　　囿於展場空間，高史博與時俱進地採取科技媒介的展示方法，針對 2010 年縣市合併後的大高雄歷史進行全觀性展覽。20 世紀英國史學家卡耳（E. H. Carr）曾說：「歷史是現在和

過去之間永無止境的對話」。「大高雄歷史常設展」提供民眾
與過去高雄對話的空間,進而「鑑往知來」,展望未來城市接
續的進步與發展。

　　為能讓市民對於高雄歷史有更清晰的掌握,高史博特別企劃
常設展專刊,將展示內容付梓成書,以圖文並茂方式表現,搭配
現場展示內容,讓參觀「大高雄歷史常設展」的市民及遊客能更
清楚地認識高雄,期待這本展覽專刊成為認識高雄的最佳參考。

　　最後,常設展從發想、策劃到展出,並非僅憑一館之力。
我們要特別感謝高雄師範大學李文環教授、高雄科技大學王御
風教授、鐵道文化研究專家謝明勳老師對展示及專刊內容的悉
心審閱。近年來,「公共性」成為博物館的核心價值之一,公
共性不僅展現在開放參觀及典藏運用,還包括公眾對展覽的參
與和討論。因此,我們還要感謝所有協助本常設展的中央與地
方機關、民間團體,以及堅強的顧問群、熱心的文史工作者與
慨借展品的民眾,他們提供豐富多元的資訊與文物,讓博物館
成為歷史認識的公共空間與機構。未來,關於歷史的保存、研
究、展示、推廣仍將持續不間斷。竭誠邀請更多民眾進入歷史
的思考與對話,共同發掘高雄這座偉大城市多樣的歷史與文化
風貌。

高雄市立歷史博物館代理館長 ｜

推薦序

　　高雄市立歷史博物館（以下簡稱高史博）是展示「高雄市」相關歷史的博物館，「高雄市」的行政範圍何在，也就約束了館內的展示。

　　2010 年 12 月 25 日，原有的高雄市與高雄縣合併成為新的「高雄市」，從那一天開始，1998 年成立的高史博也成為新「高雄市」的歷史博物館，為迎接這個歷史時刻，高史博推出「展高雄」系列展覽，向新的大高雄市民，介紹高雄各區的故事，轉眼間，也就過了十年。

　　2020 年，是新的大高雄市成立滿十年時刻，也是 1920 年「高雄」更名改制的百年。1920 年 9 月 1 日，為了配合新設立的「高雄州」（管轄範圍大約今日高雄市、屏東縣），行政中心「高雄州廳」的設置地「打狗」也將名字改為日文讀音相同的「高雄」（相傳是來自於京都的高雄山），這是當年新設的五州二廳中，唯一行政首府異動的區域，高雄地區的政經中心由原來的平原中心「鳳山街」，遷移至海港旁的「高雄街」，也象徵高雄的發展主力從農業轉至海港，因此這一年，不僅僅是改名，更是高雄蛻變的開始。

　　也因此，該如何慶祝這個具有歷史意義的「高雄一百」呢？由於 2010 合併後，沒有關於這個新高雄市的歷史整體敘述，不論高雄市民、推動地方學的有心人士或是高雄市各級學校的學生們，都覺得在知識上有所空白，身為地方的歷史博物館，確有必要對新高雄市歷史進行論述，因此高史博決定將原來一樓的四個展場改為「大高雄歷史常設展」，結合最新的科技，重新詮釋高雄市的歷史，藉以慶祝高雄更名改制一百年。

　　2020 年 9 月 1 日，高雄更名改制百年的當天，「大高雄歷史常設展」第一階段正式開展，當天與「高雄」之名有淵源的京都市長還特別拍攝影片跨海祝賀。第一階段是第一展場的「總論」，主要是以 10 分鐘的影片，配合 270 度沉浸式環景劇場，簡短而快速講述高雄歷史發展，讓來到高史博的民眾，能夠輕鬆、快速的了解高雄歷史，對高雄有初步的認識。

　　第二階段則在 2022 年初推出，繼第一展場的「總論」後，我們選擇了三個跟高雄最有關連的主題：水系、鐵路、海港做為展覽主題。水系攸關高雄早期發展，曹公圳開通更是高屏兩地農業起飛的主要因素。鐵路及海港則在 1908 年「築港設驛」後，將臺灣的貨物送到國外，奠定高雄成為南部第一大城的基礎。透過這三個主題，將會對於高雄的歷史，有完整的概念。

　　由於展場空間有限，許多歷史脈絡無法在展場中詳述，藉由這本專輯，可以更仔細解讀水系、鐵路、海港是如何影響高雄發展，相信大家逛完精心設計的常設展，再閱讀這本專輯，一定會對高雄市歷史發展，有更深入的理解。

高雄科技大學
博雅教育中心副教授 |

# 推薦序

　　高雄是二十世紀從港邊崛起的現代城市，也因為如此，一般以為海港是帶動高雄發展的歷史底蘊。殊不知，現代化海港是與鐵道共構的海陸接駁系統，然而這套系統得依賴電力來驅動，而南臺灣最早的發電廠即為 1910 年啟用的竹仔門水力發電廠。可見，水，特別是工業用水乃是催生今日高雄的楔子。可見，水、海港和鐵道對於高雄崛起這項命題，隱含著密不可分的文化關聯。高雄市立歷史博物館這項常設展，無疑掌握了打狗蛻變為高雄的文化力量。

　　水文化，最為變化萬千。埤水、圳水滋養農作，古今如一。來到現代，引水發電可帶給城市動力；汲水轉換動能可運轉機械，為城市累積資本。自來水謙卑、景觀水自在，默默運行只為了改善城市健康和生活品質。相對地，海港風貌最為鮮明，築港、造市形塑了二十世紀高雄的城市紋理，無論是散裝貨輪時期，抑或是貨櫃時代，港埠總是和城市成為無法切割的共同體。至於鐵道系統，這是討論高雄發展最常被忽略的文化元素。假如 1899 年臺灣總督府鐵道部並未決定把縱貫鐵路的終點站設在打狗港邊，我想，令懷古者緬懷的瀨南鹽田應該會持續更長的一段時日吧。那麼，也就不會有所謂的哈瑪星和鹽埕盛場的繁華了。歷史退化論莫過於此。

　　有識者若要認識高雄，水文化、築港造市和鐵道系統應該會是窺探的重要門道。

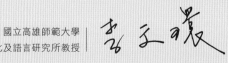

國立高雄師範大學
臺灣歷史文化及語言研究所教授　李文環

推薦序

　　作為「高雄一百年」紀念事業的重頭戲，2021年全新推出的「大高雄歷史常設展」，是認識高雄市經過一百年，如何成為現在的面貌，現在的都市性格又是如何被塑造的，兼顧全面與深度的展示，可說是高雄市發展史的文化櫥窗。

　　「大高雄歷史常設展」和過去的展覽不一樣的是，以原高雄縣與高雄市合併後的「大高雄」作為更廣域的視野，於是形成新的文化議題。例如，過去高雄市區只有愛河及其支流，但放大到北起玉山主峰，東至下淡水溪，於是就有機會擴展探討「水系」這樣的大故事。

　　「港口」與「鐵道」也一樣。豐富的物產藉由曾經遍布整個大高雄的鐵道：煉油廠線、水泥廠線、煉瓦線、左營海軍線、岡山空軍線、台糖旗尾線、台糖林園線、台糖小港線、橋頭糖廠線、台鐵縱貫線、台鐵屏東線、苓雅寮台車線等，最後藉由串連各工廠及貨櫃中心，環繞高雄港市一大圈的臨港線，集中到胃納量驚人的高雄港裝運出海，構成了大高雄的產業鏈，也形塑了鮮明的工業文化性格。

　　認識孕育一代又一代高雄人的自然資源，深入掌握大高雄產業發展的歷史路徑，是思考我們未來該怎麼前行的基石。

鐵道史研究專家、
高雄市立歷史博物館典藏委員

# 逛常設展之前—

## 為什麼要有「大高雄歷史常設展」？

作為城市的博物館－高雄市立歷史博物館，不僅肩負起為城市歷史研究及教育推廣的重要使命。更重要的是，當您對於這於城市是陌生的，又想要了解城市歷史的發展面向，走入高雄市立歷史博物館，或許是您最好的選擇。

2019 年起高雄市立歷史博物館為籌備「大高雄歷史常設展」，規劃以本館 1 樓 4 個展廳為主要展廳，分期分階段施作完成。常設展中運用多媒體科技的展示技術，並結合專書出版、多國語言導覽系統建置、線上博物館等措施，落實博物館教育推廣之目的，期待吸引觀光人潮，達國際化、發展城市觀光之效益。

## 「大高雄歷史常設展」有什麼呢？

高史博為館籌備「大高雄歷史常設展」，從 2019 年起共耗時三年籌備，並於 2020 年為配合打狗新名為高雄及高雄設州百年紀念，推出第一階段常設展，其中「印象高雄」、「漫談高雄史」、「數字高雄」等陸續推出。2022 年 1 月，陸續將「水系」、「港口」及「鐵道」等展區陸續開放。籌備三年之久的「大高雄歷史常設展」才正式亮相於各位市民眼中。

## 博物館怎樣呈現高雄歷史呢？

　　高雄市區域廣大，從濱海到山陬，含括不同的族群；更隨著時間演進，不同人群來來去去。人群是歷史的主體，這些不同區域、不同時期的人們，該如何透過一檔常設展去完整說明呢？

　　這個問題在籌備期間也是策展人及顧問老師們面臨最大的挑戰，如何將大高雄這幾百年的歷史知識化繁為簡呈現給市民。經過幾番思考及討論後，高史博決定將過去習慣使用的年代主軸的呈述方式，改以「關鍵因素」的方式，將促成城市發展、轉型的幾個關鍵因素提取出來。讓市民更能迅速了解「高雄」之所以成為「高雄」的歷史節點在什麼地方。

　　如此作的目的有二：一是讓初來乍到的旅客迅速的掌握促進高雄發展的重要關鍵因素為何？二是讓初步掌脈歷史脈動的市民，能從不同的角度重新認識高雄。

## 常設展的主題設定

　　在提取促使高雄發展的關鍵因素上，高史博選擇了以「水系」、「港口」及「鐵道」作為常設展的展間區分，為選擇以這三個關鍵因素，係因為**文明發軔於水系，鐵路則推動了城市現代化進程，港口則讓世界看見高雄。**

　　首先我們透過生命源泉－「水」，從「水」的角度了解高雄。高雄擁有三大水系－二仁溪、阿公店溪及高屏溪，流域貫穿境內，孕育出生命及聚落。人們隨著流域的發展，出現了截然不同的文化禮俗及宗教信仰，但不變的是對「水」的崇敬。「水」影響聚落發展、工業據點的分佈。為了取水，人們發展出了灌溉用的圳道、飲用的自來水系統，甚至是軍事用的水道，無不說明水是如何影響城市居民的生活作息。這也是我們會選擇以「水」作為觀察高雄發展的重要原因。

　　其次，講的 2 個主題與交通有關，分別為「鐵道」與「海港」，亦是促成高雄城市發展的重要關鍵。首先，1900 年隨著縱貫線南部路段、1907 年的鳳山支線的通車，伴隨著產業的發展輕便軌道、臨港線的開闢，都使得鐵路網絡如同蜘蛛網一般，從港口延伸入高雄平原的腹地，使貨物能透過鐵路系統更加快速的輸出，鐵道的出現不僅促成了臺灣空間革命、改變了市民的生活作息。對於高雄而言，也使港口及平原連結更加緊密。

　　最後，打狗港於 1860 年代因條約而開放，世界得以一窺打狗港的風貌。然而，真正促使高雄港向外發展的重要關鍵因素，則為 1908 年築港工程的開始。港口與鐵道在哈瑪星匯集，商賈往來不絕於途，新填築的哈瑪星及鹽埕，更取代了原有的鳳山的政經地位，成為新的市區。高雄港不僅作為臺灣的輸出入重心，更為世界看見高雄的門戶。高雄港的發展也成為觀察臺灣經濟發展的重要關鍵。加工出口區、大煉鋼廠及貨櫃碼頭，無不說明了高雄港的重要性。

　　希望大家能透過這三個關鍵主題，重新看見生活在這片土地上的人群如何隨著歷史端點流轉於城市的脈動之中，並思考高雄城市的歷史進程及未來願景。

### 逛常設展前，你對於高雄的印象是？

　　無論您是初次抵達高雄的旅客，亦或者世居高雄的市民，回答這個問題前，我們不妨先閉眼思考，究竟您對於高雄的印象是？

　　在談及印象之前，先讓我們了解一下高雄。首先，高雄擁有六個直轄市中土地面積最廣，也是最為分散的城市，東起桃源區與花蓮縣、臺東縣相鄰，西至臺灣海峽，南為林園區與屏東縣接壤。另外，南海上的東沙島及南沙太平島也是隸屬於高雄。

　　另外，在人口數及族群分佈，高雄市亦有其特點，截至2021年12月統計止，高雄市人口約有274萬餘人，在臺灣城市中人口數排名第三，僅次於新北市及臺中市。組成高雄市的族群，除客家、閩南、平埔族、新住民外，含括原住民16個族群。也因為這層原因，高雄境內擁有不少獨具特色的宗教民俗活動及原住民傳統祭儀。

　　自然景觀上，高雄有著獨特景緻，如擁有臺灣規模最大的泥火山群與保存完整的泥火山區。美濃區的黃蝶翠谷，擁有了銀紋淡黃蝶世界第一多，所產蝴蝶多達 110 種類，其中的銀紋淡黃蝶與無紋淡黃蝶，產蝶密度世界第一。

　　在物產方面，高雄也因為氣候溫和，物產豐饒，從平原的米作、甘蔗、鳳梨、香蕉到山區的樟腦、製藤等，都是重要的農特產品。也因為氣候適合種植甘蔗，高雄的橋頭發展出全臺灣第一座新式製糖工廠。

　　在熱帶水果的栽種方面，高雄的旗山盛產「香蕉」，因此又俗稱「蕉城」，從日治時期起便以香蕉王國的美名享譽全臺。另外，種植鳳梨的歷史亦相當悠久，全臺第一座鳳梨罐頭工廠便設立於鳳山。九曲堂車站一帶先後曾有 11 家鳳梨罐頭工場聚集，工廠單位面積密集程度曾為世界第一。目前臺灣僅存的日治時期鳳梨罐頭工廠，也位於大樹區九曲堂的「臺灣鳳梨工場」。

　　促使高雄邁向現代化的關鍵是起因於日治時期對於打狗港的填築及縱貫鐵路的興築,基礎設施的完備,奠定了打狗百年來的發展基礎。戰後,高雄港更一躍而成為臺灣第一大港,世界第 3 大貨櫃港口。此外,高雄港內設有全臺乃至全世界第一個加工出口區。

　　高雄亦為全臺遠洋漁業發展的重鎮,其產值每年可為臺灣帶來新臺幣四百多億元的產值,居全球前三位。其中前鎮漁港所捕獲的「鮪魚、魷魚、秋刀魚」產量名列世界前茅,亦被稱為高雄的海洋三寶。

　　最後，不得不提的一點是，臺灣也是目前唯一擁有三軍官校、眷村文化的縣市，鳳山以陸軍、左營以海軍、岡山則以空軍為主。據 2005 年國防部統計數據，全國列管眷村共有 886 處，而高雄市是同時擁有陸海空三軍眷舍的縣市，保存近 90 公頃的眷村文化景觀，保存面積為全臺第一。

　　昔日的高雄，總誤以為是座工業城市，遺忘了百年來人群在這片土地上不斷的交會及融合，激盪出不同的文化元素。高雄是座年輕的移民城市、也是座歷史多元的文化城市。工業發展是國家賦予它的形象及使命。

　　因此，接下來請跟著我們的腳步，一起走入高雄歷史，一起用更多元的主題及視角，好好回顧這座屬於你我的年輕城市吧。

高雄港岸壁の壯觀（高雄附近）
The magnificent scene of embankments of the Takao port

# 一部高雄史年表

**6000 年前**
高雄平原浮現，原住民聚集於此處居住、農耕。

**3500 年前**
林園鳳鼻頭地區已有人類文化活動。

**16 世紀**
打狗一帶有漢人與原住民交易，海盜及漁民匯集。

**1603 年**
陳第來臺，留下高雄地區最早的中文文獻紀錄。

**1630 年**
荷蘭文獻已有記載荷蘭東印度公司已派船至打狗載送石灰、木薪。

**1635 年**
荷蘭東印度公司派兵攻打高雄平原上的原住民社群。

**1661 年**
鄭成功登陸臺灣，於赤崁地區設置承天府，並設天興、萬年縣，並頒佈拓墾令。鄭氏時期在鹽埕地區開闢鹽場曬鹽。

**1684 年**
清政府領有臺灣，並設置一府三縣，於今左營區設置鳳山縣治。

**1721 年**
朱一貴事件爆發，事平後，鳳山縣築土城。

**1786 年**
林爽文事件爆發，鳳山縣城遭南部首領莊大田攻破，鳳山縣治移往下陂頭街。

**1837 年**
曹謹就任鳳山知縣，並倡建興築曹公舊圳。

**1864 年**
打狗港設置海關，正式開港通商。

**1895 年**
日本領有臺灣，於打狗地區設置鳳山支廳。

**1898 年**
旗后設置「打狗公學校」、鳳山設置「鳳山公學校」、蕃薯寮設置「蕃薯寮公學校」，這是高雄最早的小學教育誕生。

**1900 年**
縱貫線南部路段台南至打狗間通車。

**1908 年**
縱貫鐵路全線通車，同年打狗港第一期築港施工，數年後新的哈瑪星市街誕生。

臺灣地方制度改正，原有打狗地區更名為「高雄」，是高雄一名首次出現於行政區域內。

**1920** 年

**1936** 年
公布「大高雄都市計畫」，將高雄車站遷移至大港地區，並設置全臺灣第一個工業區－戲獅甲工業區。

**1945** 年
盟軍不斷轟炸高雄州各地，造成嚴重損害，10月由國民政府接收。

**1947** 年
爆發「二二八事件」，高雄成為全臺灣第一處遭軍隊鎮壓的地方。

**1950** 年
戰後首次實行地方自治，將原有高雄縣境內之屏東、潮州、東港、內埔等處成立屏東縣。

**1958** 年
高雄港十二年擴港建設計畫開始，該計畫使高雄港區擴大一倍以上，並填築中島商港區。

**1966** 年
高雄港設立第一個加工出口區。

**1969** 年
首艘貨櫃運輸東方神駒號入港，為高雄港開啟貨櫃碼頭時代，隨後高雄港陸續成立第一、第二貨櫃碼頭。

**1975** 年
因戰略及實際通航需求開闢第二港口，並於今年完工，供十萬噸級以上貨輪出入使用。

**1979** 年
高雄縣小港鄉併入高雄市，高雄市昇格為院轄市。

**2008** 年
高雄捷運第一階段完工通車。

**2010** 年
高雄縣市合併昇格，合併後的高雄市共有38區，人口達到277餘萬人口（2011年1月人口數）。

**2017** 年
高雄輕軌第一階段完工通車。

**2018** 年
高雄鐵路地下化工程完工通車，城市開始有了縫合的機會。

**2021** 年
高雄車站二度遷移完工。

**2022** 年
高雄市立歷史博物館推出全新的大高雄歷史常設展。

水系篇

# 一、川流高雄

遠古時期的高雄平原，原來淹沒在海水之中。約 6 千年前，海平面上升趨緩，地殼隆起帶來的侵蝕，堆積大量泥沙，使海岸線向海側移動，緩慢形成高雄平原。在海進造陸過程中，形成多條河流把水排出。

早期高雄平原有 8 大河川自成水系，由南而北依次是高屏溪、鹽水港溪、前鎮河（鳳山溪）、愛河、後勁溪、典寶溪、阿公店溪、二仁溪。19 世紀開始，透過水利工程的連結，逐漸整合成高屏溪（含鹽水港溪、前鎮河（鳳山溪）、愛河、後勁溪）、阿公店溪（含典寶溪）、二仁溪等 3 大水系。

## 高屏溪

高屏溪舊稱下淡水溪，是高雄市與屏東縣的界河。發源於臺灣最高峰玉山附近，流經高雄市、屏東縣，主支流共跨 27 個鄉鎮市區，於林園區、新園鄉注入臺灣海峽，全長 171 公里，僅次於濁水溪，是臺灣第二長河。

高屏溪有荖濃溪（含濁口溪）、旗山溪（原名楠梓仙溪，含美濃溪、口隘溪）及隘寮溪等三大支流。流域面積 3,257 平方公里，居臺灣各河川之冠，大部分位在高雄市。

## 鹽水港溪

　　鹽水港溪源自鳳山丘陵南端，無明顯源頭，長約 5 公里，流域面積 12 平方公里，全境都在本市小港區。大部份主流圍繞中鋼廠區，流域貫穿臨海工業區，是工業區內的排水系統，終端於中鋼碼頭附近流入高雄港。

## 前鎮河（鳳山溪）

　　前鎮河（鳳山溪）以前鎮、鳳山兩區交界的媽祖港為界，上源稱為鳳山溪，下游稱為前鎮河。源頭位在大樹區九曲堂之湖底溝，向西南流經鳳山、鳥松、大寮、前鎮等區，最後注入高雄港。全長約 12.5 公里，流域面積 53 平方公里。

## 愛河

　　愛河舊稱硫磺港、打狗川、高雄川，發源於仁武區的八卦寮。出仁武後，經三民、左營、鼓山等區。在日治初期打狗築港前，約在今建國橋附近分成兩支：一支往西南流，經今鹽埕、鼓山兩區，注入高雄港灣；另一支往南流，匯入三塊厝溪（今幸福川），成為鹽埕區與前金、苓雅兩區界河，最終在今光榮碼頭、真愛碼頭入港。總長約 16 公里，流域面積 56 平方公里。

## 後勁溪

　　後勁溪舊稱援中港溪，上源接獅龍溪及楠梓坑溪。流經鳥松、仁武、大社、楠梓、橋頭等區，兩支流在楠梓區的都會公園匯入，末端在援中港流入臺灣海峽。全長約 13 公里，流域面積約 73.5 平方公里。

## 典寶溪

典寶溪發源於燕巢烏山頂，流經燕巢、大社、岡山、梓官、楠梓、橋頭等區，最後於援中港流入臺灣海峽。全長約32公里，流域面積約 107 平方公里。

## 阿公店溪

阿公店溪發源於燕巢烏山頂，上游由旺萊溪及濁水溪兩條主要支流組成，兩溪匯合後向西南行。全線流經燕巢、岡山、阿蓮、路竹、永安、彌陀等區，於岡山匯入岡山溪，最終於永安、彌陀二區交界附近注入臺灣海峽。全長約 38 公里，流域面積約 137 平方公里。

## 二仁溪

二仁溪舊稱二贊行溪、二層行溪，1960 年更名二仁溪，為高雄、臺南兩市的界河。發源於內門區山豬湖山，在本市境內流經內門、田寮、阿蓮、路竹、湖內、茄萣等區，在茄萣區白砂崙北方入臺灣海峽，其間匯入三爺宮溪、深坑子溪、港尾溝溪、松子腳溪及牛稠埔溪等支流。全長約 63.2 公里，流域面積約 350 平方公里。

河川原以自然樣態出現，當與人類相遇，河川便因人類需要而展現不同的文化樣態。在早期社會，河川是自然神與食物供給者；至農業社會，河川變做灌溉水源或排水渠道；進入工業社會，河川成為原料與成品運輸通道及機器動能；邁向現代化社會，河川又轉化公共衛生和景觀休憩設施。在人類發展史上，河川總是扮演著推動文明進化的重要角色。

口隘溪

美濃溪

高屏溪流域
Gaoping River Basin

濁口溪

二仁溪流域
Erren River Basin

阿公店溪流域
Agongdian River Basin

阿公店水庫

隘寮溪

後勁溪

蓮池潭

澄清湖

愛河

鳳山溪

前鎮河

鳳山水庫

圖 1-1-1：高雄三大水系流域分布圖。（參考水利署第六
河川局、第七河川局提供圖檔重繪而成）

# 二、源遠流長的大河信仰

**水**是人類不可或缺的元素，不但維繫身體運作所需，也提供食物來源，河川往往是人類文明誕生的源頭。川流成就人類文明，有時也會為人類帶來災禍，對於河川，遠古人類總是抱持謙卑敬畏的心，大河信仰成為全世界各民族普遍的崇拜之一。

## 依水而生的史前人類

史前人類多選擇近水高地為聚落，既可就近取得水資源物質，又可避開水患。數千年前，當高雄平原被海水淹沒之時，突出於水面上地勢較高的打狗山、半屏山、潄底山，以及鳳山丘陵、大樹丘陵、大湖臺地，現今均可找到史前人類活動的遺跡，其中有不少遺址出現大量的貝塚，可見史前人類依水而生的生活模式。

圖 1-2-1：
柴山出土的貝塚，展現史前人類依水而生的生活模式。（國家自然公園管理處提供）

## 原住民族的河神信仰

　　臺灣原住民族與河流的關係十分密切，漁場往往被部落視為傳統領域，不容他者染指，部分原住民族更將河祭作為重要的歲時祭儀，如分布在高雄那瑪夏的卡那卡那富族。卡那卡那富河祭已有數百年傳統。據口耳傳說，卡那卡那富祖先來到那瑪夏，發現楠梓仙溪（今旗山溪）上游的水潔淨豐沛，並蘊藏著豐富的魚、蝦、蟹，讓族人得以衣食無虞繁衍後代，於是以河祭儀式表達對河神的崇敬，同時祭儀也蘊含了敬天愛地、生態保育的觀念。2021 年，卡那卡那富族河祭被高雄市政府登錄為原住民族無形文化資產。

圖 1-2-2：卡那卡那富族的河祭，表現對河神的崇敬。（莊建華拍攝）

圖 1-2-3：河祭是卡那卡那富族重要的歲時祭典。（黃麗娟拍攝）

## 漢人的河川關係民俗信仰

在臺灣漢人信仰中也有河祭儀式，其常常是祭祀因水而殉難者。如美濃龍肚和六龜新威地區居民，每年都會在水圳或荖濃溪畔祭祀孤魂野鬼或溺水殉難者。

水對擅長農業活動的漢人而言，是非常寶貴的資源。清代漢人大量入墾臺灣，時常為了爭奪水資源而爆發械鬥。能夠取得水資源的人，往往受到尊崇，甚至去世後，被以神的規格祭祀，成為傳說故事。高雄鳳山地區的曹公信仰即是一例。

清治初期客家人來到高雄美濃地區拓墾時，也帶來盛行於中國廣東蕉嶺原鄉具掌管水鬼性質的社官信仰，在具威脅之水域邊設「里社真官壇」；社官信仰到美濃後又與客家人普遍的伯公（土地公）信仰結合，形成兩者的混合體。目前美濃尚存 3 座里社真官伯公壇，都名列直轄市定古蹟，是美濃客家地區獨特的文化資產。

圖 1-2-4：
清代鳳山知縣曹謹因興築曹公圳（左），而受到鳳山地區民眾立祠（右上）祭拜。
（本館藏：KH2015.005.274）

圖 1-2-5：位於美濃的瀰濃庄里社真官伯公。（黃麗娟拍攝）

除里社真官信仰外，位於美濃、六龜地區水利設施附近亦往往會有水圳伯公、水口伯公、水橋伯公、良埤伯公等祠廟。其中，位於六龜二坡、新威地區的兩座水圳伯公祠，供奉的是清咸豐年間從今屏東內埔忠心崙到六龜二坡、新威開圳的黃姓奇人；位於美濃龍肚的水仙宮和竹子門的水德宮，則都奉祀水利三恩公（涂百清、鍾丁伯、蕭阿王），祂們都是清乾隆年間因築圳護水有功而受到民眾崇拜的先人。

圖 1-2-6：美濃水德宮的水利三恩公神位。（黃麗娟拍攝）

圖 1-2-7：六龜二坡地區的水圳伯公，供奉開圳有功的黃姓奇人神位。（黃麗娟拍攝）

# 三、高雄穀倉的孕育

**遠**古人類以採集自然資源維生。農業的出現，被視為「第一次革命」，是人類文明的重要進展。水是農業活動不可或缺的元素，不同時期、不同地區的高雄人，總是努力用不同方法去爭取水資源，孕育高雄平原成為穀倉。

## 與天爭水：高雄的埤塘

早期高雄平原河川各自獨立奔流出海，下游地帶受到潮汐影響，水含鹽量高，不利於灌溉。平原地質以泥岩系地層為主，透水性差，無法形成好的含水層，地下水含量不足。整體而言，高雄平原的農業自然環境條件不佳。

漢人是農業民族，灌溉是從事農業活動的重要條件。初期漢人來到高雄，會就低窪地區築堤導引河水入注或是蓄積雨水，形成埤塘。在大規模水利工程出現之前，高雄平原已經分布許多大大小小埤塘，不僅做為灌溉水源，也用作防洪排水及畜養生物。目前高雄地區還能看到較著名的陂塘有：蓮池潭、內惟陂（部分保留在美術館園區）、覆鼎金陂（今金獅湖）、總督陂（又稱仁武莊陂，今觀音湖）、公爺陂（又稱赤山大陂、大陂，今澄清湖）、草潭陂等。

興築陂塘固然可以適度解決灌溉問題，但一旦遇到久旱不雨，同樣會面臨缺水狀況。因此，高雄平原農作物收成之豐歉，仍必須取決於老天爺臉色，難以擺脫看天田狀態。隨著漢人移民日益增多，在水及土地資源有限下，開鑿大規模水利工程遠域取水之需求應運而生。

圖 1-3-1：現今的觀音湖舊稱總督陂，是早期存在的陂塘之一。（本館藏：KH2015.005.579）

圖 1-3-2：現今的金獅湖舊稱覆鼎金陂，是早期存在的陂塘之一。
（本館藏：KH2015.004.161）

圖 1-3-3：高雄名勝蓮池潭是鄭氏時期已經存在的陂圳。（本館藏：KH2015.005.375）

## 串聯高雄水資源：曹公圳

　　1836 年，臺灣南部發生旱災及伴隨而來的飢荒。1837 年年初，曹謹蒞任鳳山縣知縣，旋巡察縣境內水利狀況，發現下淡水溪（今高屏溪）的水源豐沛，隨即鳩集民工在今大樹區九曲堂引下淡水溪水源，開圳路興築水利工程。1838 年冬天，工程竣工，計開圳 44 條，灌溉以南高雄為主約 2 千 5 百多甲可耕地。臺灣知府熊一本特別將水圳命名為「曹公圳」，以旌曹謹之功。

　　1840 年，曹謹內定升任臺灣北部的淡水廳同知。翌年（1841），鳳山縣北部再度發生旱災，曹謹在正式離任鳳山縣知縣職之前，特別囑咐歲貢生鄭蘭、附生鄭宣治開鑿新圳。新圳於 1844 年完工，稱為「曹公新圳」；而1838 年完工的水圳稱為「曹公舊圳」。新圳取水口在舊圳上游約 2、300 公尺處，共開圳路45 條，灌溉面積 2 千餘甲，範圍包括今高雄市三民、左營、楠梓、大社、仁武、鳥松等區。

　　曹公圳與彰化的八堡圳、臺北的瑠公圳並稱為清代臺灣三大水利工程。其透過圳路，串起高雄平原大大小小的陂塘，將原本各自獨立的後勁溪、愛河、前鎮河、鹽水溪等河川，整合在高屏溪水系之中，藉由曹公圳互通有無，分配水資源，有效解決高雄平原看天田的狀態，是推進農業發展與土地開發的一大助力。

圖 1-3-4：日治初期曹公圳取水口。
（本館藏：KH2018.016.002-0077）

圖 1-3-5：曹公圳抽水站與取水口。
（本館藏：KH2014.007.011）

圖 1-3-6：日治時期曹公圳圳道。（本館藏：KH2011.009.103）

## 荒地變良田：獅子頭圳

美濃位於荖濃溪與楠梓仙溪間的沖積平原，土壤肥沃，但因南部屬夏雨冬乾氣候，一年僅能一穫，一旦人口增加，還是必須開鑿水利工程，以增加農作物收穫量，應付所需。清治時期，美濃地區先後有龍肚圳、中坛圳、柚子林圳、塗庫圳（後稱獅子頭圳）興築，農業已有一定程度的發展。

1905 年 10 月 28 日，蕃薯寮廳合併上述 4 條水圳為獅子頭公共埤圳，灌溉範圍為瀰濃、中坛、龍肚等庄。1908 年，總督府公布官設埤圳規則，獅子頭圳被指定為 15 條官設埤圳之一，預定進行埤圳擴張工程，同時興建竹子門發電所為附帶發電工程；總督府為此特別設立臨時工事部，專責工程推動。

圖 1-3-7：1914 年獅子頭圳灌溉區域圖。
（國史館臺灣文獻館提供）

　　工程於 1908 年動工，1911 年 3 月竣工。完工後的獅子頭
圳，取荖濃溪水，並納入竹子門發電所使用後的尾水，灌溉面
積一舉從 7 百多甲大幅增加到 4 千多甲，使美濃地區稻作從一
年一穫提升到一年二穫，美濃成為高雄平原重要的穀倉。

　　當時，日資三五公司正在進行南隆農場開發，受惠於獅子
頭圳，廣大的荒地變為良田。三五公司大舉從日本、北部招募
日籍和客籍移民到南隆農場開墾，但招募日本移民策略失敗，
北部客家人成開墾主力，他們多數最後在南隆地區落地生根，
成為新高雄人。

圖 1-3-8：獅子頭圳閘門。（《美濃庄要覽》）

圖 1-3-9：獅子頭圳水利組合事務所。（《美濃庄要覽》）

圖 1-3-10：南隆農場事務所。（《美濃庄要覽》）

## 丘陵上的水橋：旗山圳

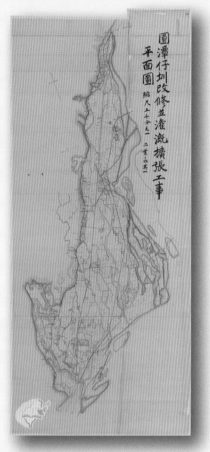

圖 1-3-11：圓潭子圳擴張工程平面圖。
（國史館臺灣文獻館提供）

旗山地區的地形主要是由丘陵和河階所構成，興築水利工程不易。清治時期光緒初年，柯必從由圓潭北方地勢較高的杉林大林、尾庄一帶築「三角仔坪圳」，截引楠梓仙溪溪水灌溉圓潭地區 8 庄，為旗山地區最早的水利工程。

1905 年，坪圳以「圓潭仔圳」之名被認定為公共坪圳。1909 年，旗尾製糖所（今旗山糖廠）設立，將圓潭地區劃入糖廠原料採取區域範圍。為提高甘蔗種植面積，總督府補助糖廠業主鹽水港製糖拓殖會社出資擴張水圳工程，將灌溉範圍往南延伸到旗山本街及溪洲地區，1919 年 6 月 22 日，擴張工程完工，於鼓山公園舉行通水儀式。1921 年，圓潭仔圳與杉林的梛物坡圳合併改稱為「公共坪圳組合旗山圳」。

旗山圳主圳道全長 18 公里，灌溉範圍縱貫圓潭、旗山、溪洲等地區，面積達 1 千 4 百餘甲土地，至今依然發揮著水利功能。其間為穿越溪谷而興建的 3 座水橋，是旗山地區奇特的地理景觀。百餘年來，旗山圳對旗山地區米和甘蔗種植助益甚大，即便是較為抗旱的香蕉，仍須仰賴旗山圳水。

圖 1-3-12：旗山圳跨越武鹿溪水橋。（莊天賜拍攝）

圖 1-3-13：
日治時期興建中的圓潭子導水隧道。(《臨時臺灣總督府工事部主管事業概要》)

## 越域引水：圓潭子導水隧道

　　日治初期，總督府計畫在二層行溪上游興建大貯水池，以灌溉岡山及臺南地區廣大平野。因二層行溪水量不足，又擬鋪設水路，將楠梓仙溪溪水越域注入貯水池。為提供工程所需電力，並引荖濃溪水補充楠梓仙溪水，再決定興建土壠灣發電所作為附帶工程。這整套計畫稱為「二層行溪埤圳工程計畫」。

　　1912 年 7 月，計畫開始動工，卻因經費和地質問題，於1915 年宣告貯水池興建計畫胎死腹中，但附屬工程土壠灣發電所已經完工。為鋪設水路而興建的圓潭子導水隧道（又稱為東埔引水隧道）和水陸橋變成閒置設施，隧道後來被當地民眾作為往來圓潭和內門地區的捷徑。

　　1966 年，越域引水計畫重啟。此次計畫將楠梓仙溪取水口改設置在更上游的杉林月眉地區，引水經大林、埔羌林、圓潭等地進入沉砂池、排洪道及倒虹吸工，再進入圓潭子導水隧道，從內門排入二層行溪上游。1967 年，工程完工，大岡山地區 3千多公頃農田得以灌溉。

# 四、高雄現代化的奠基

**19** 世紀，近代化運動的風潮傳到東亞，清治末期，臺灣號稱是中國近代化最成功的一省，儘管如此，高雄卻未受到清國近代化運動的洗禮。1895 年，明治維新全面西化成果斐然的日本統治臺灣，更具全面性的現代化運動展開，高雄在這波浪潮中逐步邁向現代化社會，水資源是其中重要的奠基者。

## 公共衛生指標：打狗（高雄）水道

水是維持身體運作不能缺少的元素，自來水普及率是現代城市的重要指標。早期高雄人多鑿井或就河取水，但高雄越靠海的區域，水質含的鹽分越高，不適宜飲用。加以日治時期當局統治者頗為注重臺灣公共衛生，自來水設施乃應運而生。

1909 年，總督府預期打狗築港後，人口及港口、船舶用水需求將會增加，決定在高雄興建自來水設施。11 月，先展開下淡水溪水源調查；1910 年 6 月，定案在下淡水溪右岸今大樹區竹寮設置取水站，小坪頂設淨水場，打狗山（今壽山）山麓置給水場，並同步開始施工。1913 年 10 月，先完成旗后方面的通水；12 月，除鹽埕埔部分地區外，打狗川（今愛河）以西，今哈瑪星、鹽埕等區域開始供水，稱為「打狗水道」。高雄繼淡水、基隆、彰化、臺北之後，成為臺灣第 5 座有自來水供應的城市。

圖 1-4-1：
建設中的竹仔寮打狗水道
取水口。左側是打狗水道
水源下淡水溪。
（國立臺灣圖書館提供）

圖 1-4-2：
打狗水道竹寮取水站唧筒
（抽水馬達）室。
（國立臺灣圖書館提供）

圖 1-4-3：
打狗水道取水口。
（國立臺灣圖書館提供）

圖 1-4-4：位於小坪頂水源地的事務室。
（國立臺灣圖書館提供）

圖 1-4-5：位於小坪頂水源地的沉澱池。
（國立臺灣圖書館提供）

圖 1-4-6：興建中位於今壽山的打狗水道給水場。
（國立臺灣圖書館提供）

圖 1-4-7：位於今壽山的打狗水道給水場。
（國立臺灣圖書館提供）

1920 年，打狗水道隨地名改正而更名為「高雄水道」。日治時期水道規模共經歷 5 次擴張，其中 1930 年代末的最後一次擴張計畫，係因應高雄南進政策軍需工業發展及擴大都市計畫而展開。總督府在今大寮翁公園開闢第二水源地，取下淡水溪的水抽送至拷潭配水池，再經由鳳山南郊轉至高雄市，供應高雄川（今愛河）以東都市計畫區域用水。該次計畫供水人口是 15 萬人，已接近當時高雄市總人口 16 萬人。

圖 1-4-8：1930 年代的高雄水道水源地。（《鳳山郡概況》）

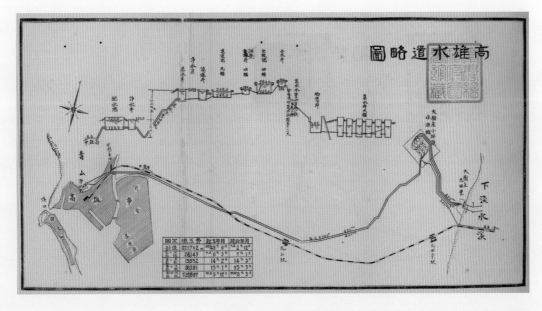

圖 1-4-9：1930 年代的高雄水道略圖。（《高雄市水道概要》）

## 點亮高雄：竹子門、土壟灣發電廠

　　荖濃溪是高屏溪最大支流，流經美濃平原，平均海拔高於平原 20 至 45 公尺，形成懸河地形。這天然的高低位差，是用來進行水力發電的絕佳條件。1908 年，總督府在美濃竹子門興建「竹仔門發電所」；次年，發電所完工通電，做為正在進行的打狗築港計畫所需電力。

　　竹仔門發電所為川流式發電廠，至荖濃溪間興築多處攔水壩和引水道，並開鑿山洞，利用 21.3 公尺的落差，引荖濃溪水經由 350 公尺的明渠導入前池，再以約 70 度角度，通過 4 條直徑 1.5 公尺、長 66.65 公尺的壓力鋼管，將水沖入發電廠內發電。尾水最後排入獅仔頭圳，做為灌溉用水。竹子門發電所的電力，除優先供應打狗築港工程使用外，1910 年開始，又陸續輸電到臺南、高雄、屏東、旗山、岡山等城市。

　　1912 年，臺灣總督府準備進行二層行溪埤圳工程，決定再興建 1 座水力發電廠供應所需電力，荖濃溪再度雀屏中選，於今六龜區中興里荖濃溪左岸土地做為發電廠用地。是年，發電廠動工，工程期間，受到地質及經費暴漲的影響，遲至 1917 年 12 月才完工，次年 1 月正式運轉。

圖 1-4-10：竹子門發電所。（《高雄州大觀》）　　　　圖 1-4-11：前臨荖濃溪的土壟灣發電所。（《臺灣電氣概況》）

土壟灣發電所亦是川流式發電廠，發電後尾水回放荖濃溪。有趣的是，原本做為主要供應電力對象的二層行溪埤圳，在發電廠完工時已因經費因素而無限期停工。儘管如此，到日治後期高雄被定位為重工業城市時，土壟灣發電所與竹子門發電所共同擔負起電力供應的主力。

　　時至今日，雖然名稱有所更迭，兩座歷經兩個政權統治、歷史超過百年的電廠，依然忠實執行著發電任務。1992 年，竹子門發電所被列為臺灣第 1 座「產業古蹟」；2003 年，再被指定為國定古蹟。兩座電廠對於高雄晉身現代化城市功不可沒。

圖 1-4-12：竹子門、土壟灣兩發電所的輸電線路。（《臺灣電氣概況》）

# 五、高雄經濟起飛的助力

產業革命工業近代化後，水是機器動力運作的必要物質，也提供製作過程的原料來源，而河川往往是工廠產生廢水排放的去處，水與近代工業發展可謂是密不可分。日治時期到戰後，高雄被定位為工業發展城市，工業用水成為高雄經濟起飛的助力。

## 機器動起來：橋仔頭製糖所

18 世紀中葉，英國人瓦特（James Watt）改良蒸汽機，揭開產業革命序幕。產業革命重要特徵，是原本依賴人力和獸力的工作由機器取代，而引領高雄展開產業革命的先驅是製糖業。不僅如此，高雄製糖業革命也是臺灣糖業革命的發端。

1900 年 12 月，以三井財閥為主的日本資本投資成立「臺灣製糖株式會社」，預定在臺灣設立第 1 個新式糖廠。會社正式成立前，內定社長鈴木藤三郎和經理山本悌二郎即先行來臺評估新式糖廠設立地點，經過為期 1 個多月的調查，改擇定今曾文溪畔的臺南善化與典寶溪畔的橋仔頭為兩處新糖廠候選地，最終，橋仔頭因用水便利性而雀屏中選。1901 年 2 月 15 日，橋仔頭製糖所動工，同年 10 月完工，次年（1902）1 月，正式開工製糖，即現今的橋頭糖廠。

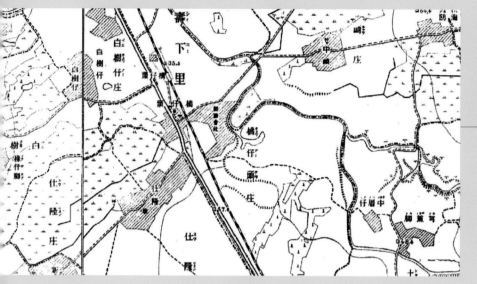

圖 1-5-1：
日治初期臺灣堡圖可見橋仔頭製糖所預定地位於縱貫鐵路與典寶溪之間，兼具水利與交通之利。（臺灣百年歷史地圖網站）

圖 1-5-2：
日治初期的橋仔頭製糖所，是臺灣製糖業現代化的發源地，也是高雄第 1 間現代化工廠。（《臺灣製糖株式會社創立十五週年寫真》）

誕生在高雄平原的典寶溪畔的橋仔頭製糖所，不僅是臺灣第 1 間新式糖廠，也是高雄地區第第 1 個使用機器的私營現代化工廠。糖廠設立初期，典寶溪肩負了部分糖廠原料及成品搬運的功能，也提供製糖過程必要的水源。

## 工業大水庫：澄清湖、鳳山水庫

　　1930 年代，日本當局積極推動南進政策，一改「農業臺灣，工業日本」策略為「工業臺灣，農業南洋」，高雄被定位為重工業發展城市。1936 年，總督府公布「高雄都市計畫一部變更計畫」，將都市計畫範圍擴大到高雄川以東，並在大港庄興建新高雄車站。前鎮河右岸腹地的戲獅甲，被規劃為工業區帶，開啟重工業發展的先河。

圖 1-5-3：日治末期十字運河空拍圖。（臺灣百年歷史地圖網站）

圖 1-5-4：日治末期戲獅甲、草衙一帶重工業工廠分布圖。
（中央研究人社中心 GIS 專題中心：高雄百年歷史地圖）

　　為方便重工業帶原料、產品運輸，總督府分別採取水陸齊用的方式大興土木。1937 年 10 月，戲獅甲運河開始動工；1939 年 5 月 26 日，運河完工舉行落成式，因呈現十字交叉，又被稱為「十字運河」，可供汽船出入，運河兩岸有荷置場、物揚場等設施，有助原料搬入及製品裝載。其中橫向運河即現在的五號船渠；縱向運河目前被填築成中華五路。區域內，計有旭電化工業株式會社高雄工場、臺灣肥料株式會社工場、日本アルミニウム（鋁）株式會社、株式會社臺灣鐵工所、高雄製鐵株式會社、臺灣畜產興業株式會社高雄加工工場、臺灣特殊窯業株式會社高雄工場等，共 7 間工廠進駐，加上前鎮河左岸草衙地區的南日本化學株式會社高雄工場，形成 1 個重工業帶。對於高雄化學工業及鋁業發展具有關鍵性的影響，也與日後高雄成為臺灣工業首都有密切關係。

　　高雄被定位為重工業發展都市過程中，工業用水需求大為增加，為應付需求，總督府於 1938 年著手調查高雄的工業用水道；1940 年，高雄州獲國庫補助，編列兩年度 310 萬圓預算，開始進行高雄市工業用水道建設，就原有的大埤湖擴大為工業用水貯水池，取下淡水溪水，藉由曹公圳圳路抽入池中，修築環湖道路，劃定周邊 200 公頃為水源保護區，造林養護；同時興建長 9 公里、直徑 1.2 公尺的送水管，將水輸送到工業地帶，預計一日送水量為 7 萬 6 千噸。1943 年 4 月，高雄市工業用水道竣工，9 月開始通水。

圖 1-5-5：早期的澄清湖，肩負供應高雄地區工業用水的任務。（本館藏：KH2018.017.049）

圖 1-5-6：
位於湖畔的工業水廠。
（本館藏：KH2002.010.036）

圖 1-5-7：
1959 年建立的水廠擴建紀念碑。
（本館藏：KH2017.018.234）

　　戰後，高雄市工業用水道為高雄縣政府接收，暫交由臺灣省政府建設廳公共工程局接管。1947 年，公共工程局設立「高雄工業給水工務所」管理，指派李宗標為主任。1952 年，改制為「臺灣省高雄工業給水廠」，由省政府建設廳管轄，主要供應戲獅甲工業帶用水。後來透過美援規劃「大高雄自來水計畫」，擴大給水廠設備，工業用水也擴大到高雄各工業區。1954 年，大埤湖更名為「大貝湖」，給水廠亦出現大貝湖工業水廠的另稱，1963 年，給水廠正式更名為「臺灣省大貝湖工業水廠」；不過該年，大貝湖被蔣中正總統賜名為「澄清湖」，因此給水廠在 1964 年 2 月又改為「臺灣省澄清湖工業水廠」，並在 1974 年改由新成立的臺灣省自來水公司管理。

　　隨著傳統工業區、加工出口區及十大建設中的工業建設紛紛落腳於高雄，澄清湖工業水廠逐漸難以支應大高雄地區的工業需求，而有新的工業用水庫興建計畫。1970年代，配合高雄區自來水計畫實施，決定以舊有鳳山丘陵的鳳山池為基礎，興建鳳山水庫。

　　鳳山水庫位在跨小港、林園兩區，於1980年開始興建，1982年6月完工，1984年8月完成蓄水，集水面積275公頃。水源取自高屏溪、東港溪地面水，最初每日供應大高雄地區45萬立方公尺工業用水。後因傳統製造業外移及產業轉型等因素，工業用水需求減少，2003年，澄清湖水庫卸除工業給水功能，轉為供應灌溉及民生用水；鳳山水庫則成為高雄唯一供應工業用水的水庫，但亦將部分水源供作民生用水使用。

圖 1-5-8：鳳山水庫。（齊柏林空中攝影　財團法人看見・齊柏林基金
　　　會提供 © 台灣阿布電影股份有限公司 版權所有）

## 軍需工業用水：後勁的石化產業

日治末期，臺灣進入戰爭體制，太平洋戰爭爆發前夕，日、美兩國已呈現劍拔弩張的情況，美國對日本實施戰略物質禁運政策。不產石油的日本為突破困境，計畫在婆羅洲取得油田，將原油運至臺灣煉製。1941 年，日本當局選定高雄後勁溪沿岸為海軍第六燃料廠（簡稱六燃）本廠設立地點，其後並規劃在新竹、臺中清水設置兩處支廠。1942 年，六燃動工，1944 年 4 月 1 日，原油槽啟用，六燃正式運作，主要生產航空汽油、重油、飛機用潤滑油等。從此後勁與石化工業結下超過 1 甲子不解之緣。

由於六燃等軍需工業設施需要大量用水，建廠初期，軍方便開始規劃一日可供水 5 萬噸的獨立給水系統。給水系統水源地設在今高屏溪右岸高屏大橋端的台灣中油公司煉製事業部大寮水源站，引下淡水溪伏流水至站內的集水井及貯水池，再透過兩支口徑 0.8 公尺的鋼筋混凝土水管，把水送到 12 公里外的六燃廠區，今位於鳥松區的水管路，是當時埋設水管時開闢的道路。用水進入廠區，藉由唧筒把水打到半屏山北側山坡地的露天配水池，再以配水管送水至工廠及宿舍區。給水系統於 1944 年 3 月完工，實際一日可供水 3 萬噸。

圖 1-5-9：日治末期的海軍第六燃料廠。（本館藏：KH2015.004.429）

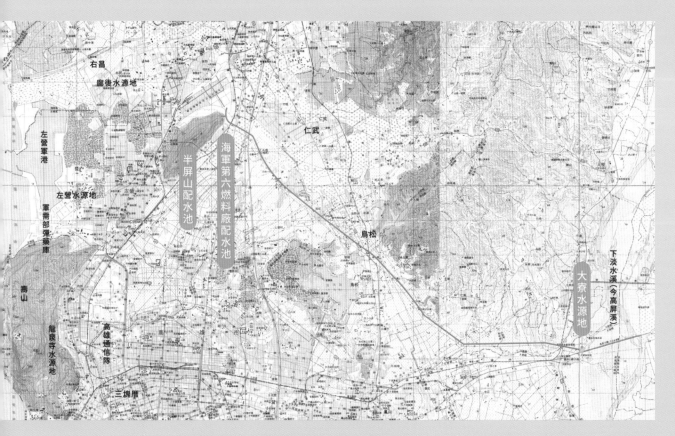

圖 1-5-10：海軍第六燃料廠供水系統路線圖。（依〈二戰時期高雄海軍水道踏查〉附圖重繪）

戰後 1946 年 4 月 1 日，國民政府接收六燃，其後將工廠交給同年 6 月成立的中國石油公司管理，並改六燃為高雄煉油廠，成為中油在臺灣的「起家厝」。1968 年，中油在廠區內設置第一輕油裂解工廠，石化上游煉油產業便由中油高雄煉油廠一枝獨秀，進而在 1970 年代第二輕油裂解工廠及以石化中下游產業為主的大社工業區（後與仁武工業區合併為仁大工業區）設立後，後勁溪沿岸成為臺灣石化工業的重鎮。

圖 1-5-11：由日治時期海軍第六燃料廠演變而來的高雄煉油廠，是戰後成立的中國石油公司起家厝。（本館藏：KH2002.018.177-0002）。

圖 1-5-12：後勁溪流域在 1970 年代後成為石化產業重鎮。（本館藏：KH2013.028.006）

石化產業為臺灣爭取了大量的外匯，卻也讓高雄人付出環境汙染的代價。1987 年，行政院宣布要在後勁建立第五輕油裂解工廠（簡稱五輕），引發後勁居民與環保人士的「反五輕運動」抗爭，儘管最終沒有阻止五輕興建，卻也迫使政府承諾在 25 年後遷廠。2015 年，政府承諾的 25 年屆滿，10 月 31 日，高雄煉油廠正式熄爐停工，後勁正式告別石化產業。

圖 1-5-13：1980 年代黨外雜誌反五輕運動報導。
（本館藏：KH2000.011.114）

圖 1-5-14：
位於今二二八公園的臺灣肥料
高雄工場。
（《臺灣の工業地打狗港》）

## 「漂流木」之河：愛河畔的合板工廠

　　日治前期高雄地區的近代化工廠開始萌芽時，今愛河沿岸
已有幾間工廠設立，比較著名的有位於今二二八公園的臺灣肥料
工廠；位於三塊厝的高雄酒精工場、大日本製冰高雄工場、東洋
製罐株式會社；位於鼓山運河的淺野水泥株式會社高雄工場等。

圖 1-5-15：淺野水泥高雄工場是早期愛河流域重要的工廠。
（本館藏：KH2015.005.226）

圖 1-5-16：位於愛河畔的林商號，一度是全臺規模最大的合板工廠。
（本館藏：KH2009.003.012）

　　1912 年展開的第二期打狗築港計畫，將今愛河主流建國橋至出海口河段疏濬，變成小型汽船可以開進來停泊的內港碼頭。日治末期，戲獅甲被設定為重工業帶區域，愛河下游沿岸則被定位為輕工業帶，可藉由汽船運輸與高雄港接駁。不過，日治時期輕工業帶的規劃未及完全落實，日本便隨著二次大戰戰敗而退出臺灣。

　　戰後初期，政府打算進口東南亞原木在臺灣加工後出口，以賺取外匯。愛河因近高雄港，又有河運之便，同時沿線及分布的埤塘可作為貯木池，於是愛河沿岸開始出現許多的合板工廠。其中，發跡於嘉義的林商號，1950 年代為配合政府工業發展政策南來高雄擴廠。1953 年，負責人林歡邦於三塊厝龍水巷鐵路幹線旁設置新廠，工廠佔地 4 甲多，設有 7 個廠房，專製茶箱、薄木板及造船等各種合板供應外銷，一度是全臺規模最大的合板工廠。

極盛時期，全國有超過一半、甚至逼近 2/3 的合板工廠設在高雄，小汽船拖著上百根的原木航行於愛河，是許多老高雄人對愛河的深刻記憶。然而，大量的原木存放在愛河及沿岸埤塘，也帶來嚴重的汙染源。

圖 1-5-17：貯放在愛河的復興木業公司原木。（本館藏：KH2002.012.662-0002）

圖 1-5-18：漂浮著木頭的愛河，是許多老高雄人的愛河印象。（本館藏：KH2015.005.132）

圖 1-5-19：1970 年代的愛河，仍可見到汽船拖著原木航行其中。
（本館藏：KH2015.004.244）

1960 年代後期，省政府已經出現清除愛河河道上原木的政策。1979 年，高雄市升格為直轄市，接手愛河河道管理，進行愛河整治，1990 年，高雄市政府宣布禁止原木利用愛河進行運輸，大幅提高工廠成本，加上國際市場對於原木物料管控，廠家取得原料日漸困難，成本升高，難以與國外市場競爭等因素，合板工廠紛紛外移或關廠。遺留下來的大片土地，許多日後成為高雄市擴張住宅區的用地，如沿著愛河建立的河堤社區即是一例；也有部分用地轉化成濕地公園，如中都濕地公園曾經是亞洲合板工廠和林商號工廠的貯木池。

圖 1-5-20：中都濕地公園曾經是亞洲合板工廠和林商號工廠的貯木池。（莊天賜拍攝）

## 彩色河川：二仁溪畔的廢金屬產業

1960 年代，位於高雄與臺南交界二仁溪北岸的灣裡地區，開始出現進口廢五金提煉貴金屬的產業，由於有利可圖，廢五金產業不斷往二仁溪兩岸的湖內、茄萣、仁德擴展。

廢五金處理主要包括兩大產業，一是酸洗業，為業者利用硝酸能溶解銅、鉛等重金屬，卻無法溶解金、銀等貴金屬的特性，引進電腦陶瓷板、電腦 PCV 板、汽車碎片、積體電路板等電子廢棄物，用大量硝酸溶出貴金屬，但早期尚未有環保概念，使用完的廢水會直接倒入二仁溪，造成嚴重汙染；另一是熔煉業，為將溶出的貴金屬集中熔煉成濃度高且規格一致的成品，業者亦往往將熔煉後的金屬爐渣堆置在二仁溪岸，繼續造成另種方式的汙染。

1980 年代，是二仁溪沿岸廢五金產業鼎盛時期，二仁溪兩岸估計有數萬人投入廢五金相關產業，政府為此設立「灣裡廢五金工業區」集中管理。黑煙彌漫的天空及金屬色的河流，是二仁溪流域的生活日常。

1986 年，二仁溪下游養殖業者養殖的牡蠣，因吸取到受廢金屬汙染的水，而呈現綠色的樣態。經化驗後，綠牡蠣含有大量重金屬，一旦食用對身體危害甚大。政府只得緊急銷毀綠牡蠣，並對養殖業者進行補償。至今二仁溪仍然禁止養殖牡蠣。

綠牡蠣事件引發社會大眾對二仁溪汙染問題的關注，甚至還有湖內民眾欲組成自衛隊，對抗不法的廢五金業者。這使得政府開始正視二仁溪汙染問題。1993 年，環保署宣布全面禁止進口廢五金；2001 年，再動用公權力強力拆除最後的 57 家非法熔煉工廠，終於終結二仁溪廢五金的汙染源。但長達半世紀的沉痾，二仁溪猶是奄奄一息，靜靜地期待蛻變重生。

圖 1-5-21：二仁溪掏洗廢五金景象。（時報基金會提供）

圖 1-5-22：二仁溪掏洗廢五金景象。（時報基金會提供）

# 六、與河川共舞

水 在人類文明發展各個階段一直扮演著重要的角色。然隨著文明進展加快，水資源愈發被高度利用，卻未被適當處理，導致汙染問題逐漸嚴重。自 20 世紀前期快速發展的高雄，至 20 世紀後期開始意識到產業高度發展、人口快速增長所帶來的環境汙染問題。於是如何在發展之餘解決汙染問題，讓水逐步回歸清澈，人們能夠永續與河川共舞，是時至今日高雄必須處理的重要課題。

## 岡山平原的滯洪池：阿公店水庫

岡山地區是高雄平原的一部分，地形低平，有利於農業發展，但部分區域地勢低窪，排水不良，易有水患發生。目前立於岡山壽天宮的「築岸序」石碑，紀錄了清代乾隆年間岡山地區淹水的情況。

1935 年，總督府將阿公店溪編入準用河川，意味著阿公店溪整治得以獲得公庫補助。1939 年 7 月，岡山地區發生大洪災，整個岡山郡地區淹水面積達 4 千公頃，房屋泡水約 2 千戶，民宅倒壞 200 餘戶，縱貫鐵路、公路都被淹沒，鐵路運輸因此中斷 1 天，公路交通更是中斷 2 週。同年 10 月，總督府提出總經費 5 年 320 萬圓的阿公店溪治水工事計畫，希望根除岡山地區水患問題，其中築大壩興建滯洪貯水池（即今阿公店水庫），屬於計畫的一部分。

圖 1-6-1：1932 年岡山市街淹水情況。　　　　　圖 1-6-2：1932 年岡山市街淹水情況。
（本館藏：KH2011.019.002）　　　　　　　　　（本館藏：KH2013.019.037）

圖 1-6-3：日治時期阿公店溪治水計畫圖。（國史館臺灣文獻館提供）

圖 1-6-4：阿公店水庫是臺灣第 1 座以滯洪為目的的水庫。
（本館藏：KH2012.005.148）

　　1942 年，水庫開始興建，因當時正處於二戰期間，在人力與物資缺乏下，施工速度緩慢，直到日本統治結束，都未能完工。戰後省政府建設廳水利局接續水庫興建，1953 年完工，是臺灣第 1 座以滯洪為目的的水庫，兼收灌溉和給水功能。

　　然而，阿公店水庫上游因土質鬆軟及濫墾因素，導致淤積問題嚴重。1998 年，省政府水利處展開阿公店水庫更新計畫。興建長 14.8 公里的越域排洪道，自楠梓仙溪引水導入二仁溪，浚渫水庫淤砂，讓水庫得以排淤並減少泥砂淤積。

　　更新後的阿公店水庫，容量大為增加。每年 6 至 9 月中是空庫期，水庫用作滯洪，並同時進行清淤，以確保容量；9 月中旬過後，蓄積的水提供灌溉及民生、工業使用。

圖 1-6-5：未整治前的愛河，曾給人又髒又臭的印象。
（本館藏：KH2004.009.233）

圖 1-6-6：1987 年中洲污水處理廠通水，讓愛河整治工作向
前邁向一大步。（本館藏：KH2015.004.093）

## 港都的脫胎：愛河

　　愛河流經高雄市中心，是最能代表高雄市區意象的河川，愛河的歷史與高雄城市發展緊密相連。然而不知何時，愛河被冠上了「又髒又臭」的形容詞，同樣形容詞也成為加諸在高雄的枷鎖。

　　造成愛河又髒又臭的原因，主要來自工業廢水和家庭廢水。愛河從上游到下游分布數百家規模不一的工廠，多數屬於高度汙染類型，含有毒物質的工業廢水往往不經處理直接排入愛河。高雄作為工業都市，吸引大量就業人口，人口激增超過原先都市計畫所能承受的容納值，早期未建汙水下水道，雨水和家庭汙水共用一條溝渠，一起排入愛河。此外，合板工廠產生的廢水，以及貯放在河道的原木，也是愛河汙染源之一。

　　1979 年，高雄升格為直轄市，醞釀多時的愛河整治成為高雄升格後第一件重大工程計畫，計畫分為 3 期進行。第一期以截汙減少愛河汙染源，以及設立汙水處理廠為目標，目前愛河沿線常看到的截流站，多數是在這期興建，並且鋪設 1 條成功路主幹管，將汙水送往處理廠。1987 年 1 月，中洲污水處理廠（現稱中區污水處理廠）開始運轉，象徵第一期整治工作完成。第二期整治重點放在鋪設另 1 條凱旋路汙水主幹管，以及其他支管、分支管網，另再補充興建壓站和截流站，這期工程大約在 1997 年告一段落。1998 年開始的第三期整治，目標放在加速提高用戶汙水的接管率。

圖 1-6-7：2001 年臺灣燈會首度離開臺北，在高
雄愛河畔舉行。
（高雄市政府新聞局提供／鮑忠暉攝影）

　　減少汙染、提高接管率是必須長期持續不輟的
工程，也是愛河達到不髒不臭的基本要素。要讓愛
河完全脫胎換骨，積極綠美化及河堤改造是重要關
鍵。從較早興建的客家文物館、三民親子公園，到
2000 年之後陸續完成的愛河之心幾座景觀橋、中
都濕地公園、海洋流行音樂中心等，不斷創造了屬
於愛河的亮點。2001 年，原本在臺北舉辦的臺灣燈
會，首度移師高雄愛河連兩年舉辦。近年來，愛河
燈會已經變成每年高雄的一大盛事。愛河引領著高
雄從工業港都脫胎為文化港都。

圖 1-6-8：整治後的愛河，展現脫胎換骨的新氣象。（本館藏：KH2013.028.001）

## 工業運河的華麗變身：前鎮河

　　前鎮河右岸的戲獅甲，從日治到戰後前期是重化工業的分布地帶；左岸的草衙地區，除亦有南日本化學工業株式會社及其後身台碱公司設立外，1960、70 年代間，因高雄加工出口區、臨海工業區相繼成立湧入大量就業人口，加上上源鳳山溪皮革工廠林立，工廠與家庭廢水排放，使前鎮河汙染日益嚴重。

圖 1-6-9：早期的前鎮河。（本館藏：KH2019.024.064）

1970 年代，由於臨海工業區開發，政府進行前鎮河截彎取直成 50 公尺寬之排水運河工程，工程在 1970 年代末期完成。適值愛河整治計畫展開，在汙水處理部分，前鎮河被劃入與愛河相同的「高雄污水區」，列為汙水處理設施優先建設區域，前鎮河整治邁出第一步。1990 年，市政府提出前鎮河整治實施計畫，此後歷經漫長的截汙、清淤、改善水質、綠美化改造等過程，至 2000 年代，水質已經有所改善，河中開始出現魚群。河畔的景觀改造，亦成為民眾散步遊憩的去處。

前鎮河變身的不僅是河道，還包括河畔的產業轉型。戲獅甲工業區歷經 30 年左右的黃金時期後，因政府改變產業重心布局，1970 年代重工業開始往南遷移至臨海工業區，石化業重心則往後勁、林園轉移。1980、90 年代，環保意識抬頭，留在戲獅甲的工廠面臨關廠壓力。適值 1990 年代初期政府提出「亞太營運中心」政策，高雄市政府順勢推出「多功能經貿園區」，戲獅甲位在園區範圍內，產業轉型可期。

圖 1-6-10：1970 年代截彎取直前的前鎮河空照圖。（臺灣百年歷史地圖網站）

圖 1-6-11：1980 年代截彎取直後的前鎮河空照圖。（臺灣百年歷史地圖網站）

圖 1-6-12：整治後的前鎮河。（黃麗娟拍攝）

## 「黑龍江」的蛻變：二仁溪

1990 年代的二仁溪，背負著「臺灣黑龍江」汙名，常年在主要河川汙染排行榜「名列前茅」。2001 年廢五金產業的終結，只是斬斷二仁溪的主要汙染源。溶入紅色廢液的河水，以及混著廢金屬灰燼、廢水的銅土壤，仍是二仁溪揮之不去的夢魘。

2002 年是全國河川整治年，二仁溪被列為優先整治河川。2005 年，環保署及地方政府共同簽署「二仁溪再生願景」，承諾將分為 4 個階段，逐步改善二仁溪水質，讓二仁溪蛻變為水質清澈、魚兒重現的親水空間。於是結合政府和民間守護團體的二仁溪整治復育工作，開始如火如荼進行。

圖 1-6-13：蛻變後的二仁溪，已可見到舢筏悠遊其上。（蘇福男提供）

2012 年起，國際知名保育人士珍古德（Dame Jane Goodall）曾經數度造訪高雄茄萣二仁溪畔的白砂崙濕地，見證不斷展現的整治復育成果。如今的二仁溪，雖然還稱不上是清澈見底，但已不見昔日紅色河水；儘管還看不到許多昔日的魚類伙伴，但已可見到彈塗魚、招潮蟹活躍於河口濕地；儘管還不能浴水嬉戲，但已可以乘著舢筏悠遊於河面。

圖 1-6-14：整治後的二仁溪。（視覺關鍵廣告事業有限公司提供）

## 石化重鎮的轉型：後勁溪

　　1970 年代，後勁溪流域發展成為石化產業聚落，原本存在的中油高雄煉油廠，連同先後設立的仁大工業區、楠梓加工出口區、仁武工業區及台塑仁武廠，號稱後勁溪五大工業汙染源，使得後勁溪景觀丕變，汙染嚴重。

圖 1-6-15：早期的後勁溪。（本館藏：KH2009.003.051）

1987 年 9 月，政府在仁大工業區設立高雄海洋放流管制中心，鋪設 1 條後勁溪海洋放流管，將工業廢水初步處理後，放流到海洋，以減低後勁溪的汙染，然成效有限，工廠偷排廢水的情況依然嚴重。

　　1980 年代後期興起的反五輕運動，讓政府認真面對後勁溪整治問題，擬定分階段整治計畫，初期先建立截流系統，中程興建污水下水道系統，長程則進行下水道系統分支管、用戶接管工程。2009 年年底，位於後勁溪下游的楠梓污水處理廠開始運作，象徵減低汙染源已大有進展。

　　接著進行的是景觀改造，經過持續的河岸美化、生態復育，後勁溪沿岸連結高雄都會公園，成為民眾遊憩休閒的最佳去處。配合高雄煉油廠停工，石化產業逐漸淡出後勁溪，以及下游高雄大學城的營造，後勁溪正一步步轉型。

圖 1-6-16：位於後勁溪與典寶溪間出口海的援中港濕地公園。
（社團法人臺灣濕地保護聯盟提供）

海港篇

# 一、前奏

距今約 1 萬 8 千年前的最近一次冰河極盛期，古高雄平原是以陸地凹谷的姿態存在。而約至 1 萬 4 千年前開始，氣候回暖，冰河融化，海平面上升，海水淹沒凹谷，形成古高雄灣，灣內可見打狗山、半屏山、鳳山丘陵、嶺口丘陵等平原較高處露頭。

6 千年前，海水面變化趨向穩定，雨水侵蝕高山、丘陵所夾帶的大量泥沙，快速往古高雄灣堆積，海岸線往西移動，高雄平原逐漸浮現。為宣洩海水，平原上的幾條河川在這時形成，河川夾帶大量泥沙出海，泥沙隨潮流北漂，遇旗后山阻擋堆積成長條狀沙洲，育成古旗津樣貌。古旗津沙洲慢慢地與高雄平原銜接，形成潟湖港灣—打狗港。

半屏山

嶺口丘陵

打狗山

古高雄灣

鳳山丘陵

現時陸地

約4000~6000年前陸地

目前標高50公尺以上丘陵地

**高雄平原區域海岸線變遷**

圖2-1-1：古高雄灣圖（參考《壽山考古思想起》重繪）

# 二、勢力流轉的港灣

圖 2-2-1：康熙臺灣輿圖（局部）。圖中的打狗山傳說曾是海盜的秘密基地。
（國立臺灣博物館提供，國家重要古物）

**16**、17 世紀，中國、日本的漁民、海盜及西方海權開始
活躍在環中國海域。位處福爾摩沙島西南的打狗港，
逐漸映入各方勢力的視野中，展開屬於它的歷史時代。

## 漁民、海盜的秘密基地

16 世紀西方海權勢力出現在東方海面之前，來自中國、日
本的漁民、海盜已經活躍在臺灣西部海面。來自中國福建沿海
的漁民會在烏魚漁汛期間來到打狗港灣，或搭蓋漁寮，或在漁
船上暫時居住，追捕烏魚，待烏魚漁汛過後再返回中國。

對於海盜而言，無現代政權管轄的臺灣，是躲避官軍追擊
最好的秘密基地。現今高雄還流傳著 1 則海盜林道乾在打狗山
（今壽山）埋藏寶藏，以及劈開打狗山、旗后山成航道的傳說，
雖有學者考證傳說為「以訛傳訛」成分居多，但也為高雄平添
巷議街談的材料。只是無論是漁民或海盜，多未把打狗港當作
是久居之地，只是短暫居留的過客。

### 紅毛番的收稅關卡

　　1624 年，荷蘭東印度公司（簡稱荷印公司）以大員（今臺南安平）為中心建立政權，是臺灣歷史上第一個現代政權。在一幅依據 1636 年原圖繪製的「手繪福爾摩沙與漁翁群島地圖」中，有 1 個名為「Handelaars Eylandt」（貿易商之島）的島嶼位在打狗灣中，對於荷治時期打狗灣是否真有貿易商之島，或是貿易商之島實際位於港灣何處，尚未有定論，但打狗港的貿易潛力已然浮現。

　　至晚在 1630 年代中期，荷印公司已將打狗港納入管理，每年冬季之前，來到打狗追捕烏魚的中國漁民，必須先至大員向荷印公司請領捕魚執照，捕魚工作結束後，再返大員繳交「什一稅」。荷印公司不定期會派船艦順著海岸南下稽查船隻檢查執照，甚至在打狗山腳下設置檢查哨，作為勤務中心。

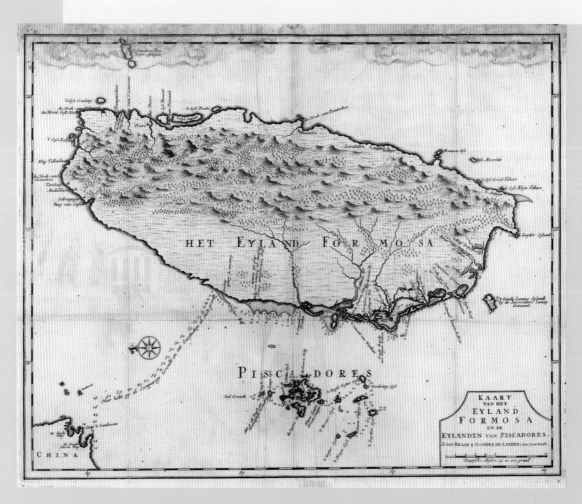

圖 2-2-2：手繪福爾摩沙與漁翁群島地圖。圖中打狗灣中標有一處名為「Handelaars Eylandt」
　　　　（貿易商之島）的島嶼。（國立臺灣歷史博物館提供）

## 國姓爺的軍事要塞

　　1662 年，鄭成功驅逐荷蘭人，建立臺灣史上第一個漢人政權。鄭成功把臺灣視為反清復明基地；其子鄭經則以「東寧」為國號，發展臺灣成為海上獨立王國。為防止荷印公司捲土重來，或是大清帝國來攻，鄭氏政權在打狗沿岸構築圍柵，並在要地興建砲臺，目前位於哨船頭近海山丘的「雄鎮北門」，最早可追溯到鄭經時期所設立的砲臺。

圖 2-2-3：位於哨船頭的砲臺，前身可追溯到鄭氏時期所建立的堡壘。（本館藏：KH2011.009.008）

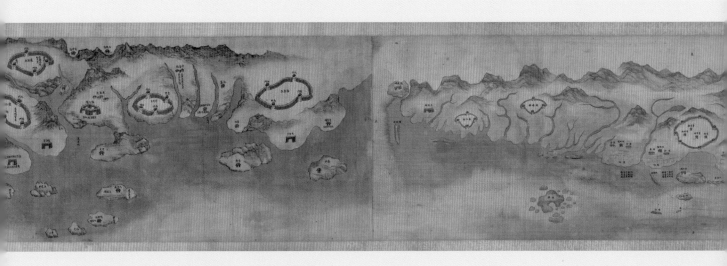

圖 2-2-4：乾隆年間臺灣鹽場圖。（數位方輿網站）

圖 2-2-5：乾隆臺灣輿圖（局部）。（國立故宮博物院典藏）

## 漢人的漁場、鹽場

　　鄭氏後期，已有 10 餘戶中國漁民在旗后定居，並建立祭祀媽祖的寺廟，即今旗后天后宮。1683 年，大清帝國攻滅鄭氏政權，並在次年將臺灣收入版圖，漢移民開始源源不絕湧入臺灣。除了漁業外，旗后發展成「粟、米餘資閩、粵，菁、糖直達蘇、杭」的港口，擁有不少經營中國貿易的行郊。

　　繼旗后之後，港澳周圍的鹽埕埔、鹽埕、哨船頭，也逐漸發展成漢人聚落。鹽埕和鹽埕埔地區在鄭氏時期的基礎上繼續發展鹽業。1726 年，清廷因鹽戶日多，爭曬競售鹽，導致鹽價不穩，決定將鹽收歸官賣，其中在鹽埕和鹽埕埔地區設立瀨南鹽場，置專人處理鹽務。

　　為加強海防及因應人口日增的治安問題，清政府在港灣設立打狗（鼓）汛、旗（歧）後汛，派駐軍隊防守。漁場、鹽場、行郊及軍隊建構了清治前期打狗港灣的主要圖像。

# 三、躍上國際舞臺

傳統中華帝國是個陸權帝國，在 16、17 世紀西方海權興起之時，大體採取閉關自守方式因應。位於世界最大陸地歐亞大陸與世界最大海洋太平洋交會的臺灣，儘管僻處陸權帝國邊陲，開港通商呼聲卻還是將臺灣推上國際舞臺。

## 貿易的跫音

1840 年清英鴉片戰爭爆發，清帝國戰敗，簽訂南京條約被迫開放廣州、廈門、福州、寧波、上海等 5 口通商。5 個港口雖然不包括臺灣，但臺灣身為海島所展現的貿易性格，以及位於臺灣海峽航路地理位置重要性，逐漸受到國際矚目，處在臺灣西南部的打狗港，也在此時進入海權國家視角之中。

1854 年，英國海軍測量船薩拉森號（Saracen）從香港駛到臺灣，於打狗港海岸進行測量，評估認為打狗港的條件比安平港為佳，並將今旗后山以船艦名稱命名為「Saracen Head」。1855 年，美商羅賓奈洋行（W. M. Robinet & Co）首先在哨船頭設立貿易據點；1859 年，顛地洋行（又稱寶順洋行，Dent & Co.）接踵而至；同年，怡和洋行（Jardine Matheson & Co.）也抵達打狗。雖然清帝國尚未允許開港通商，外國商人對進駐打狗港早已躍躍欲試。

圖 2-3-1：
舊式糖廍外觀。南部是臺灣重要的糖產地，開港後，打狗港成為高屏地區糖輸出港。
（《臺灣製糖株式會社史》）

---

圖 2-3-2：
1859 年 11 月《倫敦新聞畫報》所刊載位於南臺灣的糖倉。
（本館藏：KH2005.009.029）

## 打狗開港

1857 年，清帝國與英、法兩國爆發英法聯軍之役（又稱第二次鴉片戰爭）。戰爭結果，清帝國戰敗，1858 年與英國、法國分別簽訂《天津條約》，規定臺灣（今安平）、淡水開港，其後又增開打狗、雞籠（今基隆）兩港。1864 年，打狗港設立海關，負責外國船舶進出港檢查，收取稅金，打狗港正式躍上國際舞臺。

打狗開港，最重要的輸出商品是蔗糖。糖從荷治時期已是重要的出口商品，開港前，主要輸出到中國和日本；開港後，市場擴大到西歐、南北美洲、澳洲等地。高雄平原和屏東平原生產的蔗糖，大部分集中在打狗港輸出，日後高雄成為南部經濟中心潛力隱然浮現。

## 商人的藍海競逐

### 洋行

　　開港前，美商羅賓奈洋行已在哨船頭興建倉庫、住家及碼頭。1858 年，羅賓奈洋行瀕臨破產；次年，顛地洋行來到打狗，租下羅賓奈洋行旁的土地，希望能取代其在打狗的地位；同年，顛地洋行競爭對手怡和洋行也抵達打狗，並在 1860 年 2 月取得哨船頭另一塊土地建立倉庫。哨船頭開港後成為洋行匯集地的態勢逐漸成形。

　　由於哨船頭腹地不大，部分洋行以填海造陸的方式建立據點，如英商怡和洋行。清末最大規模造陸，出自英商水陸行（Bown & Co.）之手，其在 1869 年獲得官方許可，自費工本填築海灘官地。完成後，英商怡記洋行（Elles & Co.）和德商東興洋行（Juilus Mannich & Co.）分別進駐。1876 年，英國領事館也租下這塊海埔新生地，並在 1878 年興建西式建築，將原本設在旗后中式兩層樓建築的領事館遷來此，領事館搖身一變為美麗的洋樓。在領事館、海關及各洋行進駐下，哨船頭儼然成為清末外國人雲集的國際化聚落。

圖 2-3-3：清末的哨船頭。（本館藏：KH2015.005.340）

## 買辦

　　洋商來到打狗後，出現負責幫外國商人與本地商人、農民接觸、仲介及採買的角色，稱為「買辦」。多數買辦本身就經營商行，擁有一定的財力，一旦再身兼買辦，因與洋商接觸頻繁，嫻熟市場行情，形同錦上添花，對財富與經濟地位提升往往產生加乘效果。打狗港著名的買辦有陳福謙（1834-1882）、陳中和（1853-1930）、葉宗祺（1870-1930）。

　　陳福謙出身苓雅寮，早年以撐船為業，其後經營米、糖買賣。同治初年，陳福謙在旗后創立「順和行」，並擔任德記洋行（Tait & Co.）買辦，高雄地區大半的蔗糖均掌握在其手中。1864 年，陳福謙在日本橫濱開設「順和棧」，是當時三大外國公司之一。極盛時期，順和行旗下有 72 郊行，貿易範圍遍及日本、中國、香港、東南亞、歐洲等地，與北部李春生並稱為兩大買辦。

　　陳中和亦出身苓雅寮，16 歲時進入同鄉陳福謙開設的順和行擔任伙計，因經辦業務長才得到陳福謙賞識，出任 72 郊行總家長。陳福謙去世後，於 1887 年另創「和興公司」，其後並擔任唻記洋行（Wright & Co.）買辦，逐漸取代舊東家順和行地位。日治時期，陳中和開臺人投資新式製糖業之先，投資臺灣製糖會社，又創立新興製糖會社。接著再將事業觸角擴及到米、鹽、倉儲等事業，讓高雄陳家擠身為日治時期臺灣五大家族，被譽為「南霸天」，影響力延伸到戰後。

　　葉宗祺原籍福建泉州同安，1886 年來臺在旗后經營「新泰記商行」，1890 年擔任英商和記洋行（Boyd & Co.）買辦。日治初期 1903 年，葉宗祺成為日本三井物產會社買辦，奠定日治時期的經濟地位基礎，1914 年創立高砂信用組合（戰後改組為高雄第二信用合作社），是高雄地區第 1 家臺人創辦的信用組合。在政治上，葉宗祺曾擔任打狗區長、高雄街協議會員、高雄市協議會員，也是高雄地區重要的政治領導人物。

圖 2-3-4：
曾擔任過買辦的陳中和。
（國立臺灣大學圖書館藏）

圖 2-3-5：
旗津出身的葉宗祺，因擔任三井物產會社買辦而奠定經濟地位。
（國立臺灣大學圖書館藏）

圖 2-3-6：位於苓雅寮的陳中和故居，是 1920 年完工的洋樓建築。
（本館藏：KH2015.005.458）。

圖 2-3-7：陳中和創立的新興製糖會社大寮製糖所，是臺灣第一間
臺資新式糖廠。（本館藏：KH2015.005.457）

圖 2-3-8：
史溫侯是英國駐臺首任領事，
也是著名的博物學家。

## 外國人視角下的打狗港

### 外交官

　　1860 年代臺灣開港通商，1864 年，英國設副領事館駐在顛地洋行（Dent & Co.）停泊在旗后的三葉號商船上，以保護僑民及英商，由史溫侯（Robert Swinhoe，1836-1877）擔任首任副領事。1865 年 2 月，史溫侯升任為駐臺總領事，成為英國駐臺首任領事。5 月，英國領事館從船上遷至旗后岸邊的中國式兩層樓樓房。史溫侯也是著名的博物學家，在打狗擔任領事期間，曾到各地進行全面性自然調查，壽山的獼猴，便是在史溫侯協助下，由國際確認為臺灣特有種。現今臺灣有紀錄的鳥類中，有超過三分之一是由史溫侯首次記載。1862 年，史溫侯發表《福爾摩沙哺乳動物學》，臺灣獼猴、臺灣雲豹、臺灣黑熊等臺灣特有種動物都刊載其中。透過史溫侯的視角，福爾摩沙這塊大自然寶庫在 19 世紀已經廣為西方世界認識。

　　1869 年抵打狗英國領事館任職的霍必瀾（Pelham Laird Warren，1845-1923），是清末在打狗服務時間最久的外交官。1879 年，霍必瀾升任代理領事，其後兩度暫離打狗，又再回任代理領事，直到 1893 年轉任漢口領事為止。霍必瀾長期在打狗任職，也在打狗外國人圈中擁有好人緣；1884 年，霍必瀾的妻子瑪麗夫人於打狗領事官邸過世，葬在哨船頭的外國人公墓，大家特別捐款在墓園蓋了 1 座追思堂紀念她；1893 年霍必瀾卸任告別打狗，打狗外人又集資贈送他 1 把獵槍，感謝他對打狗僑民的貢獻與付出。

圖 2-3-9：
霍必瀾是清末在打狗服務時間
最久的外交官。

圖 2-3-10：1895 日治初期的哨船頭，中央偏左處前立旗桿的洋式建築是英國領事館。（《臺灣諸景寫真帖》）

圖 2-3-11：日治初期的打狗港，近處山上的洋樓建築是打狗領事官邸。（本館藏：KH2011.009.060）

圖 2-3-12：日治時期高雄英國領事館廢止後，1932 年成為高雄州水產試驗場。（本館藏：KH2003.008.167-0052）

圖 2-3-13：
郭德剛是開港前後第一位來臺灣傳教的
西方傳教士。（萬金聖母聖殿提供）

## 傳教士

1858 年簽訂的天津條約，除規定臺灣開港通商外，亦准許傳教士自由進入傳教、建造禮拜堂。羅馬教廷獲知訊息後，隨即命令西班牙屬地菲律賓的天主教道明會派人來臺傳教。1859 年，道明會指派郭德剛神父（Fernando Sainz，1832-1895）來臺，由打狗上岸。1860 年，於打狗港澳東側的前金庄建立臺灣近代第一座天主教堂。

圖 2-3-14：清末至日治初期的前金天主堂。
（本館藏：KH2015.004.425）

圖 2-3-15：1931 年改建完工的前金天主堂。

（本館藏：KH2002.013.008-0010）

圖 2-3-16：馬雅各是開港後第一位來臺灣
傳教的基督教新教傳教士。
（本館藏：KH2015.004.249）

　　新教最早來臺的是長老教會。1865 年，醫學博士馬雅各（Dr. James L. Maxwell，1836-1921）受到英國蘇格蘭長老教會海外宣道會差派來臺，在打狗登陸，輾轉抵達臺南府城，在西門外的看西街（今臺南市仁愛街）租屋設教行醫，因受到反西教人士的詆毀與抵制，遭官府下令離開府城。馬雅各乃返回有英國領事保護的旗后繼續傳教。1866 年，馬雅各在旗后建立禮拜堂，並在對面興建醫館，為近代臺灣第 1 間具規模的西醫院。

圖 2-3-17：馬雅各在旗后建立高雄第 1 個基督教禮拜堂。圖為日治初期
旗后禮拜堂的樣貌。（本館藏：KH2011.009.011）

圖 2-3-18：日治初期的打狗港灣。左側旗后山腰的建築是
打狗（慕德）醫館。（《記念臺灣寫真帖》）

圖 2-3-19：萬巴德以臺灣診療經驗為基礎進行研究，
獲「熱帶醫學之父」稱譽。

1869 年，馬雅各轉往府城，旗后醫館業務
交由打狗海關醫官萬巴德（Patrick Manson，
1844-1922）接掌。萬巴德在旗后診斷過的病
患，包括各期的痲瘋病與手腳部象皮病患者。旗
后的看診經驗，為萬巴德將來發現蚊子等昆蟲為
媒介的熱帶疾病奠下基礎。1913 年，熱帶醫學
會將萬巴德譽為「熱帶醫學之父」。

1867 年來到打狗的李庥牧師（Rev. Hugh
Ritchie，1840-1879），是清末駐在打狗最久的
傳教士。李庥努力學習臺語、客語及原住民語等
本地語言，奔走於高屏地區各村莊，積極融入臺
灣社會。1879 年，李庥因染瘧疾在臺南府城去
世，選擇埋骨於鍾愛的打狗。與李庥共同安息於
打狗外僑墓園的，還有他不到 4 歲即夭折的次子。

圖 2-3-20：李庥是清末駐在打狗最久、最終
也埋骨於打狗的傳教士。

## 探險家

開港通商後，臺灣對於西方國家猶如未知的領域，無論資源、生物或物產都深具吸引力，部分來臺的官員或是傳教士，便趁來臺之機會對臺灣進行探險。1863 年，隨首任安平海關稅務司麥士威（W. Maxwell，1835-1865）抵臺的稅關人員必麒麟（William Alexander Pickering，1840-1907），一有空即探訪內陸村落，甚至經六龜進入中央山脈山區尋找茶葉與肉桂等資源。必麒麟精通福佬話、客家話、潮州話、廣東話等多種漢語系語言，1867 年羅妹號事件爆發時，美國領事李仙得（又名李讓禮，Charles W. Le Gendre，1830-1899）便是透過必麒麟協助，得以與漢人村長及原住民頭目交涉。

圖 2-3-21：必麒麟精通數種漢語，曾探險今高雄六龜山區，是有名的「臺灣通」。

圖 2-3-22：1871 年湯姆生拍攝的打狗港照片（高雄市立美術館提供）。

　　1871年，蘇格蘭籍知名探險家、攝影家約翰．湯姆生（John Thomson，1837-1921）短暫來臺進行攝影旅行。他從打狗港上岸，曾沿著愛河上溯到龍水一帶，改走陸路經舊城（左營）到臺南府城，又遠征高雄內地丘陵、山區，最遠抵達荖濃溪流域，並留下豐富的攝影作品，為打狗最早攝影作品之一。

　　1873年，美國籍博物館學家史蒂瑞（Joseph Beal Steere，1842-1940）來到臺灣探查。他描述的打狗港，「兩旁都是岩石的窄小水道，港內風平浪靜，好像池塘一般，港外卻是驚濤駭浪。」而對於當時稱為猴山的壽山，他看到「山上到處都是珊瑚和貝殼。雖然漢人把山上的樹木幾乎全部砍光，但是至今仍有一些灰色彌猴徘徊其間。」史蒂瑞生動地描繪了19世紀下半葉包括打狗在內的臺灣風貌。

圖2-3-24：1873年來到臺灣的博物館學家史蒂瑞，生動描繪了19世紀下半葉的臺灣風貌。

圖2-3-23：1871年湯姆生拍攝的打狗港灣潟湖照片。（高雄市立美術館提供）

# 四、邁向現代化大港

開港後的打狗港，儘管擁有絕佳的地理位置與港灣地形優勢，讓外國商人趨之若鶩。然而港內泥沙淤積、岩石影響航道安全，港外則沙洲橫亘，不利於大型船隻航行，使其發展產生瓶頸，必須仰賴人工方式疏浚改良，方能真正邁向現代化國際大港。

## 良港的孕育

為讓臺灣資源能有效率運用，總督府計畫在南部、北部各尋找 1 處港灣作為最主要的貿易港口。其中北部港口很快就定案為離日本最近，且具備良好天然港灣條件的基隆港；南部港口則受限於財政，遲未定案。

1899 年，總督府提出財政計畫，首要以興辦產業來增加財政收入，其中又以糖業最受矚目。南部是臺灣糖業中心，1901 年，第 1 間新式糖廠在今橋頭設立，生產的砂糖藉由前一年通車之打狗至臺南段鐵路運送到打狗港輸出，隨著糖業所帶動的各項貨物日益增加，將打狗港擴建為現代化大港的呼聲也日益高漲。

圖 2-4-1：1901 年橋仔頭製糖所建立，生產砂糖經由鐵路
運到打狗港輸出，是影響打狗港擴建為現代化
大港的重要因素。
（本館藏：KH2003.008.179-0004）

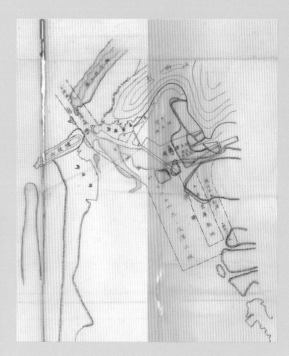

圖 2-4-2：1901 年調查的〈打狗港實測圖〉局部，
顯示築港設計及鐵道部埋立地未填築的狀
態。（國立臺灣圖書館提供）

圖 2-4-3：打狗築港前的哈瑪星，仍是一片水域。
（本館藏：KH2003.003.154-0001）

　　1904 年，總督府鐵道部開始在打
狗港灣填海造陸。負責這項工程主要人
物之一的總督府技師山形要助在港灣調
查報告中，確認打狗港是南部條件最佳
的港口，乃向總督府建議打狗港築港，
這提議獲得總督府認可。

　　1907 年，打狗至九曲堂間鐵路開
通，來自鳳山、屏東平原的物產也開始
經由鐵路運至打狗港輸出，加速築港計
畫推動；加上同年完工的鐵道部填海造
陸工程，以及興建的第二代車站和倉
庫、碼頭等設施，為打狗港築港工程奠
定基礎。以此為契機，1908 年，總督
府提出的打狗築港計畫預算獲得帝國議
會通過，正式啟動打狗築港計畫。

## 第一期打狗築港計畫

1908年4月1日，第一期築港工程展開，原規劃進行6年，因輿論和財政壓力，縮短為4年。主要工程項目包括：興建第一（今鼓山漁港）、第二碼頭（今蓬萊商港區第一至第七碼頭）；增置碼頭現代化設備；增建倉庫和木材放置場；興闢道路及6線之濱海線鐵路；鑿除港口岩礁及附近暗礁；港口兩側設置燈臺及放置航路標識浮標；市街填築等。

這次的築港，主要將港灣濬深，航道加寬並清除障礙物，大幅提高船隻進出港口的安全性。總督府並巧妙運用疏濬的土，將打狗川（今愛河）支流後壁港位於今財政部關務署高雄關附近的出海口填埋，建成現今的蓬萊商港區第一至第七碼頭，並將水流往東導引到今第三船渠流入打狗港。第一期築港計畫大致奠定未來高雄港成為現代化大港的基礎。

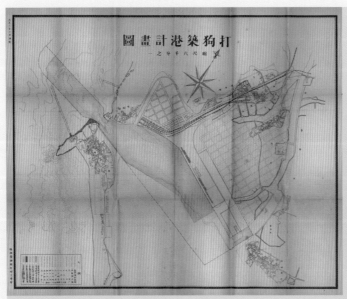

圖 2-4-4：第一期打狗築港計畫圖。
（本館藏：KH2003.010.002-0002）

圖 2-4-5：打狗築港防坡堤興建工程。
（《主要工事寫真帖》）

圖 2-4-6：1910 年代第一期築港完成的現代化碼頭。
（《南部臺灣寫真帖》）

圖 2-4-7：第一期打狗築港計畫，奠定高雄港成為現代化大港的基礎。
（本館藏：KH2011.005.009-0004-0001A）

圖 2-4-8：第二期築港計畫，完成今蓬萊商港區的港口設施。
（本館藏：KH2018.017.235）

## 第二期打狗築港計畫

　　第一期築港於 1912 年結束，隨即幾乎無縫接軌展開第二期築港工程。第二期築港工程內容包括增建碼頭；濬深航道達 9 公尺深；加寬航道及港口寬度；增建碼頭，完成今蓬萊商港區，並碼頭後方修築倉庫、鐵路，以利貨物進出；填築港灣東側的鹽田與魚塭（即今鹽埕區主體）等。此外，今建國橋至出海口的愛河河段，被設定為內港錨地，疏濬成寬 33 公尺、深 3 公尺可供小型船隻停泊的河道。此河段完工後被稱為「高雄運河」。

圖 2-4-9：第二期築港計畫設定今建國橋至出海口愛河河段為內港錨地，可供小型船隻停泊。完工後，此河段又稱為「高雄運河」。（本館藏：KH2004.009.395）

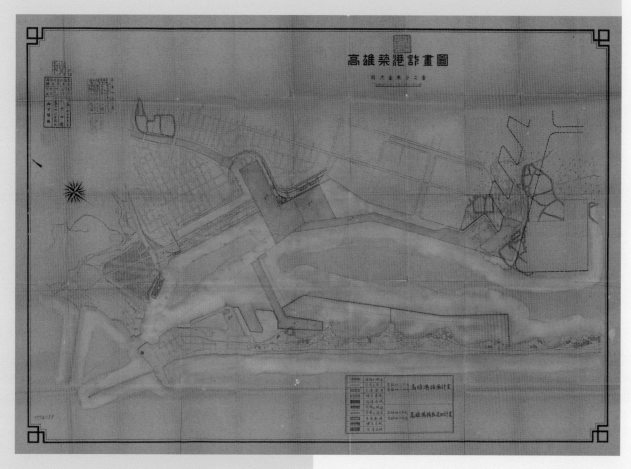

圖 2-4-10：1937 年第二期築港計畫完成，隨即展開高雄
　　　　　港擴張計畫。（國立臺灣圖書館提供）

圖 2-4-11：日治末期戲獅甲一帶地圖。可見十字運河及
　　　　　周遭重工業工廠分布。
　　　　　（臺灣百年歷史地圖網站）

　　1937 年，第二期築港計畫完工。時值
日中戰爭爆發，臺灣正處於戰爭體制。高雄
被定位為南進政策的前進基地，為因應戰爭
需求，總督府於是年展開高雄港擴張計畫，
1942 年緊接再進行高雄港擴張追加計畫。戰
爭時期的高雄港建設，目的在擴大港區範圍，
在北邊設置左營軍港，南邊規劃戲獅甲、草
衙重工業帶。為連結港區，總督府將鐵路往
南延伸至戲獅甲，再往東北連結屏東線鐵路，
形成類似日本山手線的環狀線，這條路線的
部分路段，目前成為輕軌路線。又疏濬前鎮
河為人工渠道，並開鑿十字運河，高雄港與
高雄市的定位已然定型。

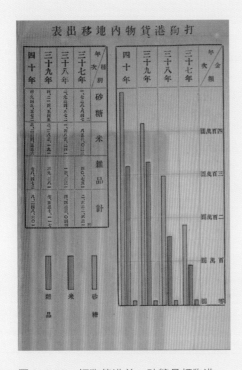

圖 2-4-12：打狗築港前，砂糖是打狗港
　　　　　輸出的主要產品。
　　　　　（《打狗築港計畫一斑》）

## 國際貿易大港形成

　　日治初期，打狗港貿易額向居清末 4 個條約港之末，僅 68 萬餘圓的規模。1900 年以後，隨著打狗到臺南鐵路通車及橋仔頭新式糖廠運作，打狗港的貿易量有明顯成長。1907 年第一期築港工程展開前夕，打狗港貿易額首度超越安平港，成為南部最大港。打狗進行築港後，貿易規模更隨之快速成長，1917 年貿易額突破 1 億圓，與日治初期相比，可謂是一日千里，不但穩居南部最大港地位，也與臺灣最大港基隆幾乎並駕齊驅。

　　日治前期，由於日資壟斷各項產業，使清末存在於臺灣的外商，紛紛退出臺灣，各港口的貿易對象以日本為主。其中打狗港輸往日本的商品以砂糖占 7-8 成，其次是米，約占 1 成出頭，日治前期的打狗港可稱為砂糖之港。

圖 2-4-13：高雄港倉庫內等待輸出的臺灣製糖會社生產砂糖。
　　　　　（本館藏：KH2018.017.185）

圖 2-4-14：1930 年代前後的高雄港，呈現一片繁忙景象。
（本館藏：KH2018.017.242）

圖 2-4-15：高雄港碼頭等待輸出的香蕉。
（本館藏：KH2011.005.009-0005）

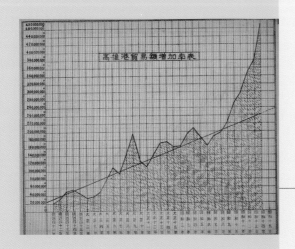

　　1920 年，打狗港更名為高雄港。由於外銷市場拓展，香蕉和鳳梨罐頭在高雄港輸出商品中漸占有一席之地，每到 12 月至翌年 3 月的砂糖及香蕉、鳳梨產季，來自南部各地的商品便有如洪水般湧入高雄港，港口碼頭呈現出熙來攘往、人聲鼎沸的熱鬧景象。

　　日治中期開始，從高雄港輸出到日本以外市場的產品比重逐年增加，其中貿易額以擁有地利之便的中華民國最多，占外國貿易額將近一半，產品除砂糖外，淺野水泥生產的製品也有相當比例；歐美是高雄港次要的外國輸出區域，比重約占 3 成；再次是香港及東南亞地區，約占 1 成多。

　　作為南進政策基地的高雄港，在 1930 年代後期至太平洋戰爭爆發前夕貿易量達到高峰，貿易額突破 4 億圓，成為名副其實的國際貿易大港。

圖 2-4-16：1908-1939 年高雄港貿易額增加表。
（《港務統計表》）

## 依港而生的城市

現今高雄著名觀光景點駁二特區所在的哈瑪星，是日治初期第一期築港計畫自愛河支流出海口及打狗港灣填築出來的土地，許多高雄現代化的第一，都誕生在這塊新生地上。也讓高雄市區自哈瑪星開始，逐漸往東發展為依港而生的城市。

1900 年，縱貫鐵路臺南至打狗段完工通車，第一代打狗車站設立在今鼓山一路 87 巷口對面。由於腹地狹小，且與打狗港有段距離，在橋頭糖廠設立後貨運量日增下，漸感不敷使用。1904 年，鐵道部決定將打狗車站往出海口方向搬移，並進行車站腹地擴建填築工程。

1907 年，填築工程完工，範圍大致是今臨海一路向東到鐵道文化園區西界，濱海一路往南至第二船渠。1908 年，配合縱貫鐵路全線通車，打狗車站遷建於此，這塊新填築出來的土地被稱為「鐵道部埋立地」，是戰後稱作「哈瑪星」的第一塊土地。

1908 年，總督府啟動兩期的打狗築港計畫，目標在將打狗港建設成現代化大港。以鐵道部埋立地為基礎的市街填築工程，是第一期打狗築港計畫的內容之一。同年，日本富山縣冰見出身的淺野總一郎取得市街填築與開發許可，至 1912 年間，淺野共填築出 6 萬 7 千多坪土地，該土地被稱為「淺野埋立地」。

圖 2-4-17：因興建第二代打狗驛填築出哈瑪星的第 1 塊土地。（本館藏：KH2003.010.002-0018）

圖 2-4-18：淺野總一郎是哈瑪星的重要造就者。

圖 2-4-19：淺野總一郎向總督府申請填埋打狗灣的申請書。（國史館臺灣文獻館提供）

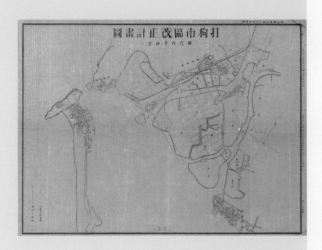

圖 2-4-20：打狗市區改正計畫圖。
（本館藏：KH2001.014.008）

鐵道部埋立地及淺野埋立地造就「哈瑪星」土地的主體。1908 年，總督府公布「打狗市區改正計畫」，「哈瑪星」被分為新濱町、湊町，以及山下町之一部分（今南鼓山10 里），與舊有的旗后、哨船頭兩市街同為高雄最早實行都市計畫的區域，同時也是最早擁有自來水、電燈、電信、電力的社區。此外，自日治初期的打狗支廳，到 1930 年代以前的高雄州廳、高雄郡役所、高雄街役場均位於此，現今臨海一路和臨海二路交會處一帶，還是包括臺灣銀行、臺灣商工銀行、彰化銀行、郵便局、高雄信用組合、彰化銀行、三十四銀行等金融機構聚集之地。曾經是愛河支流出海口及沙洲的哈瑪星，1910 年代一躍為高雄現代化城市及日治前期的政治金融中心。

圖 2-4-21：哈瑪星是日治前期高雄的政治經濟中心。圖中左
側是打狗支廳及後來高雄郡役所廳舍；右側建
築是臺灣銀行打狗支店。
（本館藏：KH2011.009.078）

圖 2-4-22：打狗郵便局（今鼓山郵局）。
（《南部臺灣寫真帖》）

圖 2-4-23：荒井泰治成立的打狗整地會社是今
鹽埕改造填築工程的主導者。

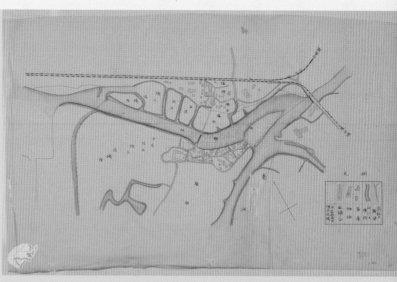

圖 2-4-24：第二期打狗築港計畫中，打狗整地會社申請市
街填埋的土地。（國史館臺灣文獻館提供）

第二期打狗築港的市街填築工作是由日本宮城縣仙台出身的荒井泰治主其事。荒井泰治結合臺、日商人成立「打狗整地會社」，於 1914 年填築出 18 萬 5 千多坪土地，延續兩百多年的鹽田景觀自此走入歷史。1917 至 1918 年間，又填築了後壁港，今鹽埕區主體的改造工作大致完成。在這之前，日本當局已經「超前部署」，將區域劃為北野、鹽埕、崛江、入船、濱崎、鹽等 6 個町；1924 年高雄市成立後，改為北野、鹽埕、崛江、榮、入船等 5 個町。這塊新填埋出來的土地，在高雄市役所自哈瑪星遷出設立在愛河畔，以及 1930 年代百貨公司、商工獎勵館、批發市場、餐館、銀行陸續進駐後，逐漸成為新的高雄政經發展中心。

1936 年，高雄州公布實施「擴大高雄都市計畫」，計畫範圍從前金及今愛河左岸，往東達五塊厝、籬仔內，往南抵前鎮；同時將高雄車站遷至大港庄，以高雄車站為中心，規劃出中軸線。今高雄舊市區的規模，至此大致奠定。

圖 2-4-25：
1936 年公布的擴大高雄都市計畫，計畫範圍往東跨過今愛河，高雄舊市區的規模至此大致奠定。
（臺灣百年歷史地圖網站）

圖 2-4-26：位於今鹽埕區大勇、五福路口的吉井百貨，
是高雄第一家百貨公司。
（本館藏：KH2003.008.155-0011a）

圖 2-4-27：打狗港成為現代大港，吸引不少外地人來到高
雄尋找工作。（本館藏：KH2015.005.390）

## 因港而來的移民

打狗築港的需用人力及周邊產業創造的工作機會，
吸引許多外來人口來到打狗港灣尋求機會，澎湖移民是
其中的大宗。

澎湖因自然條件的限制，清治時期已有不少人往臺
灣本島移民，比較多集中在臺南府城。日治初期的打狗
築港工程，提供澎湖人一個生活新天地。有些澎湖人採
取季節遷移方式，夏天返澎湖從事漁業，冬天再回高雄
打工；有些直接定居，成為新的高雄人。

初期，澎湖人多落腳旗津，當時從事碼頭工人及
人力車伕者多為澎湖人；之後位於哨船頭的第一船渠和
漁市場啟用後，又有不少澎湖漁工選擇在哨船頭居住；
1910、1920 年代第二期築港鹽埕市街填築完成，再吸
引不少澎湖人移居。

圖 2-4-28：位於今鼓山第一船渠旁的魚市場啟用，
許多澎湖漁工選擇在哨船頭定居。
（本館藏：KH2018.016.001-0203）

圖 2-4-29：旅居高雄澎湖人集資興建的澎湖公會館。
（《高雄市大觀》）

圖 2-4-30：位於鹽埕區的文武聖殿，是高雄著名的「澎湖廟」。（本館藏：KH2002.013.012-0002）

　　旅居高雄的澎湖人十分團結，1915 年集資興建澎湖公會館，由澎湖在旗津第二代的陳光燦擔任會長，提供季節遷移或是初來乍到澎湖人暫時棲身的場所。1927 年，前清秀才林介仁結合澎湖旅高有力人士，組織高雄「澎湖廳民會」，這股延伸到戰後的同鄉會力量，一直在高雄政壇擁有一席之地。

　　澎湖人的文化也融入高雄，成為在地文化的一部分。如高雄的「澎湖廟」，即是澎湖人或其後代、親屬所創立的寺廟，所奉祀主神或原祀主神係由故鄉澎湖的廟祠之主、副神分靈而來，或由高雄的「澎湖廟」再分靈奉祀，而非分靈自臺灣本島其他廟宇。日治時期高雄有 13 間澎湖廟，有 10 間分布在鹽埕，尤以文武聖殿最具代表。澎湖廟原是澎湖移民的信仰中心，但久而久之在地化，變成高雄不分籍貫的信仰中心。又如料理，高雄市有名海產店多會打著「澎湖料理」的名號，如金瓜米粉、海鮮、紫菜等招牌菜都是源自澎湖，久而久之變成高雄的在地料理。

圖 2-4-31：
山下町（今鼓山一、二路）是高
雄日本人聚集的區域。
（本館藏：KH2015.005.604）

圖 2-4-32：1920 年代初期的高雄郡役所。
（《高雄州寫真帖》）

圖 2-4-33：位於哈瑪星的高雄稅關。（《臺灣建築會誌》）

　　打狗築港還有一批從更遠地方遠渡重洋而來的日本移民，
他們多數居住在第一期築港填築出來的哈瑪星新生地及山下町
（今鼓山一、二路沿線壽山山下）。

　　這群因港而來的日本人，以來自九州的移民居多。由於哈
瑪星是日治時期公家機關匯集之地，從打狗支廳到州廳、郡役
所、街役場（市役所）等行政機關，以及鐵道部、警察署、郵
便局、稅關等均位於此，來到這裡的日本人，幾乎壟斷了多數
公職。

圖 2-4-34：
曾任打狗內地人組合組合長的古賀三千人，是旅高日本人中重要人物，有「古賀的高雄、高雄的古賀」稱號
（本館藏：KH2019.023.003-0006）

圖 2-4-35：
打狗內地人組合在打狗山設立的金刀比羅神社，是日治前期旅居高雄日籍人士的信仰中心。日治後期成為高雄神社，並搬遷至今高雄忠烈祠的位置。
（《高雄州寫真帖》）

在公職以外，因港而發展的運輸業及新生地上的土木建築業，其經營者及管理階層亦以日籍居多，哈瑪星及山下町是高雄地區日本移民比例最高的地區。早在 1900 年，苓雅寮一帶的日本人曾組成打狗內地人組合。1910 年代，組合重心移到山下町及哈瑪星，並在 1910 年於打狗山興建金刀比羅神社；1912 年，在內地人組合主導下，成立打狗公會，統合辦理打狗地區民間公眾事務，由打狗支廳長高橋傳吉兼任理事，古賀三千人、鐸木直之助任副理事。1914 年，設立打狗醫院；1915 年，創設打狗公館；1916 年，在打狗公館內設置打狗文庫；1918 年，經營打狗港灣內渡船。

打狗內地人組合經營的事業悉數都在山下町及哈瑪星。1920 年，打狗改稱高雄，打狗內地人組合隨之改為高雄內地人組合，旋因「內地人」一詞有族群之分，不符當時總督府「同化主義」方針，決定解散組合，財產讓渡給官方。因此，金刀比羅神社更名為打狗神社，迅即又改為高雄神社，1932 年由無社格升格為「縣社」，戰後變為忠烈祠；打狗醫院改為府立高雄醫院，戰後變為省立高雄醫院，即今民生醫院前身；打狗公館在 1920 年成為第一代高雄州廳，高雄州廳遷出後，改為高雄市公會堂，戰後變為警察局分局（今鼓山分局）；打狗文庫後來演變為高雄市立圖書館，是高雄最早的公共圖書館。

圖 2-4-36：打狗內地人組合設立於打狗山下的打狗醫院，
為今市立民生醫院的前身。（《臺灣寫真帖》）

圖 2-4-37：打狗內地人組合設立的打狗公館，1920 年成為
第一代高雄州廳。（《臺灣寫真帖》）

因港而來的日本人跟同樣渡海而來的澎湖人一樣，也帶來屬於他們的信仰，包括佛教各支派、天理教、金光教等布教所，多集中在山下町及哈瑪星地區。但與澎湖人不同的是，1945 年日本戰敗，日人必須遣返回國，他們所帶的信仰文化來不及在高雄生根，只能成為歷史陳跡。

The Takao Konkokyo Church, Formosa.　　臺灣金光教打狗教會所　〔不許複製〕

圖 2-4-38：位於壽山山腳下的金光教打狗教會所，是日人從家鄉
　　　　　 帶來的信仰。（本館藏：KH2003.008.155-0013a）

五、成為南進前哨站

**1930** 年代，日本軍國主義興起，臺灣無可避免地隨殖民母國捲入戰爭體制中。1936 年，日本當局指派海軍大將小林躋造出任第 17 任臺灣總督，睽違 17 年的軍人總督重現臺灣。

1936 年 9 月 2 日，小林躋造到任，因應戰爭體制，提出「皇民化、工業化、南進基地化」等三大治臺方針。其中皇民化是針對全臺灣人實行的極端同化政策；工業化、南進基地化則與高雄城市發展密切相關。

1936 年實施的高雄擴大都市計畫，將前鎮河右岸腹地的戲獅甲規劃為重工業地帶，與臺灣鐵工所造船廠，以及 1940 年在岡山設立的第六十一航空廠、1943 年於楠梓後勁興建的海軍第六燃料廠，構成軍需工業化的佈局。

## 打造軍事堡壘

臺灣被定位為日本帝國的南進基地後，位處南臺灣的高雄，是臺灣前進東南亞最近的大港，地位益形重要，日本當局於是開始大興土木構築相關軍事設施。

1937 年 8 月，日本軍部設置高雄要塞，隸屬臺灣軍司令部，為三等要塞；1939 年 8 月，升為二等要塞；1942 年 12 月，再升格為一等要塞，要塞司令官編制軍階，也一路從佐級軍官升到中將。

　　高雄要塞的守備範圍很廣，初期北起茄萣，南至恆春；後期北界更延伸到臺中。司令部設在壽山，可見高雄港是臺灣中南部防禦的重中之重。日軍分別在壽山頂、東北、南等 3 處設立陣地，各配置 9、22、36 門各式火砲，將高雄港保護在綿密的火網中；位於高雄港北邊的左營軍港是另一個防禦重心，設有左營、半屏山、龜山、荒鷲等陣地，配置 4 至 28 門不等的火砲及高射炮，全面從陸、海、空三域保護港口。

　　1945 年 3 月，高雄要塞司令部改為獨立混成第一百旅團司令部，編制兵源增加超過 1 倍。戰後中華民國政府接收臺灣，1946 年 6 月 1 日，臺灣省警備司令部重新設立高雄要塞司令部，象徵儘管歷經兩個不同政權，高雄港戰略地位還是一樣重要。

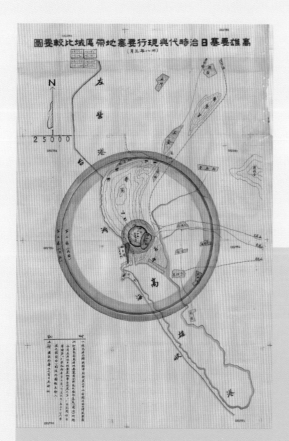

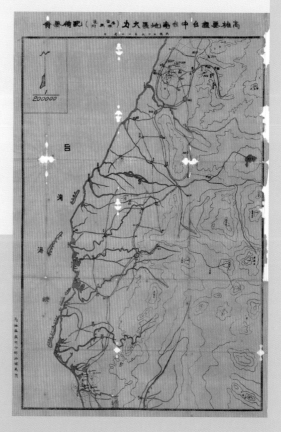

圖 2-5-1：壽山是高雄要塞的中樞，護衛高雄港及左營軍港。
（國家發展委員會檔案管理局提供）

圖 2-5-2：日治末期臺中以南都是高雄要塞的守備範圍。（本館藏：KH2008.008.011）

　　左營軍港也是日本當局在高雄因應戰爭需要而建置的重要建設。左營港原名萬丹港，清治時期原屬小貿易港口，後因泥沙淤塞而從港口轉為養殖魚塭。1937 年日中戰爭爆發後，日本軍部決定將淤積的萬丹港挖深，擴建為臺灣唯一的軍港，基於保密，取名「F 要地」。為興築軍港，原居在港口附近的桃子園居民被迫遷到左營新庄子及鼓山內惟。

　　1940 年 4 月，軍港正式動工，至日本統治結束，所有設施並未全部完成，但已粗具規模。興建設施包括 3 座乾船塢、倉庫群、兵營、修理廠，以及兩座油槽及地下化的儲存區與兵營等，山區則設有儲存燃料和軍火彈藥的設施。

圖 2-5-3：我國重要的海軍基地左營軍港，是日治末期日本當局因應南進政策而興建的港口。（本館藏：KH2002.019.140-0002）

為將左營一帶的海軍設施串聯，還特別從縱貫鐵路舊城站（今「左營（舊城）車站」）鋪設兩條支線，1條往西南直通左營軍港，1條往東北延伸至海軍第六燃料廠。1943年4月，日本海軍將臺灣最高指揮機關—警備府由澎湖馬公移至左營，奠定戰後左營成為我國海軍大本營的基礎。

圖2-5-4：日治末期，日本當局興建數條鐵路連結左營軍港、第六燃料廠等相關軍事設施。
（本館藏：KH2012.005.072）

圖2-5-5：曾是海軍總司令部的鎮海樓，早在日治末期1943年即是日本海軍在臺灣最高指揮機關警備府所在地。
（本館藏：KH2017.018.177）

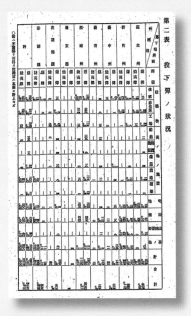

圖 2-5-7：
據日本當局發布的臺灣空戰統計
資料，盟軍在高雄州的投彈量占
全島總投彈量一半以上。
（《本島空襲狀況》）

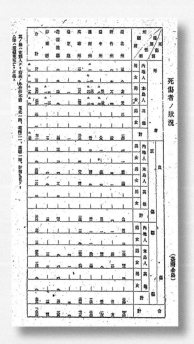

圖 2-5-8：
日本當局發布的臺灣空戰統計資
料，當時不分臺人、日人，高雄
州因空襲而死傷人數均居全島之
冠。（《本島空襲狀況》）

## 空襲歲月

　　太平洋戰爭前期，由於日本海軍航空隊具有一定的制空實力，盟軍軍機尚無力飛臨臺灣上空，臺灣受到空襲的次數並不多。1944 年 10 月，盟軍為製造收復菲律賓戰役的空優，於 12 日至 17 日間大舉空襲臺灣的飛行及防空設施，並與日本海軍航空隊爆發激烈空戰，史稱「臺灣空戰」。

　　擁有航空隊進駐及飛行場、航空廠等設施的岡山首當其衝，在臺灣空戰期間數度遭到空襲，10 月 14 日是規模最大的一次。是日，盟軍自航空母艦派出軍機分別與日軍空戰及掃射岡山飛行場和航空廠，又自中國機場派出美國陸軍第 20 航空隊上百架軍機投擲炸彈和燒夷彈轟炸岡山飛行場，這些軍事行動不但重創航空設施，連岡山市街也受波及，造成民眾不小傷亡。

圖 2-5-6：空襲後彈坑累累的岡山飛行場。
（本館藏：KH2015.001.026）

圖 2-5-9：盟軍轟炸高雄港。
（本館藏：KH2015.001.025）

圖 2-5-10：戰後初期的高雄州廳猶可見轟炸後
的樣貌。
（本館藏：KH2004.009.052）

臺灣空戰結果日軍慘敗，部署在臺的戰機折損大半，幾乎喪失制空能力，以美軍為主的盟軍飛機開始頻繁地飛臨臺灣領空，如入無人之境恣意進行空襲。居於日本南進前進基地的高雄，無可避免成為盟軍轟炸的重點目標。

1945 年 1 月，盟軍計畫登陸呂宋島，為掩護登陸行動，先對臺灣發動為期近 3 星期的密集轟炸，高雄、左營兩港及市區幾乎連日遭受轟炸，其中以 1 月 21 日的攻勢最為凌厲，美國海軍動員 3 支分遣艦隊，用 9 艘航艦轟炸高雄，為美國海軍對臺灣單一區域最大的攻勢。

此後被戲稱為「定期便」的盟軍軍機幾乎天天報到。5 月 30 日，美國第 5 航空隊派出 4 個轟炸大隊超過 110 架 B-24 轟炸機空襲高雄、左營兩港一帶所有的防空陣地，除軍事設施外，高雄州廳、高雄火力發電廠都遭到轟炸受損，規模不下於次日發生的「臺北大空襲」。

據總督府統計，到日本統治結束，高雄港內沉船計有
178 艘，內港錨地沉船 13 艘，港區宿舍及倉庫原有 169 棟，
被轟炸到僅剩 30 棟，高雄港機能幾乎癱瘓。港內滿目瘡痍、
一片死寂，早已不復以往人聲鼎沸的景象，偶爾響起的空襲
警報和爆破聲，是戰爭結束前高雄港的主旋律。

圖 2-5-11：戰爭末期，空襲警報是高雄港及周邊區域的生活
　　　　　日常。（本館藏：KH2000.001.153-0001A）

圖 2-5-12：戰後初期高雄港沉船分布圖。
　　　　　（本館藏：KH2020.015.0130）

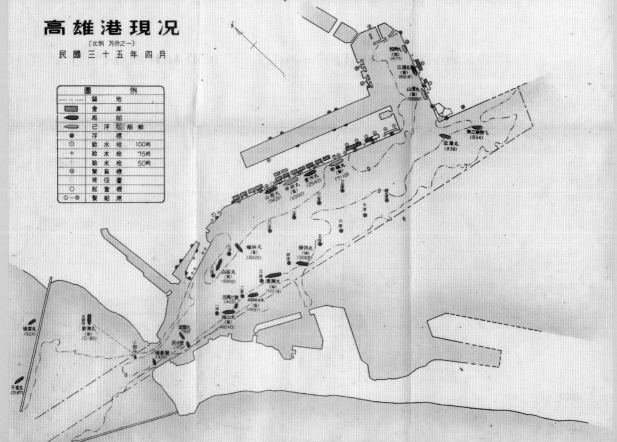

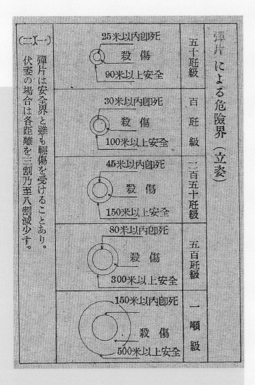

| 彈片による危険界（立姿） | |
|---|---|
| 25米以內即死　殺傷　90米以上安全 | 五十瓩級 |
| 30米以內即死　殺傷　100米以上安全 | 百瓩級 |
| 45米以內即死　殺傷　150米以上安全 | 二百五十瓩級 |
| 80米以內即死　殺傷　300米以上安全 | 五百瓩級 |
| 150米以內即死　殺傷　500米以上安全 | 一噸級 |

（二）（一）
伏姿の場合は安全界と雖も各距離を三割乃至八割減少す。
彈片は安全界と雖も輕傷を受けることあり。

圖 2-5-13：
總督府發布的炸彈效力表，述及在立姿狀態下，1 噸的炸彈落在 150 公尺內，可能會造成立即死亡。面對密集的空襲，惟有疏散才能保障生命財產安全。（《時局防空必攜》）

據美國第五航空隊統計，二戰期間該隊派往高雄執行轟炸任務的飛機有 979 架次，共投下 2,559 噸各式炸彈，雙雙高居全臺之冠，比例超過總數的 3 成。高雄是全臺遭受空襲落彈最多的城市。

臺灣尚未受到密集空襲前，總督府曾在 1944 年 6 月 18 日發布「過大稠密之都市住民疏開要綱」，將高雄列為 4 個居民應疏開（疏散）的城市之一，只是要民眾驟然遠離家園終究不是容易的事，初期成效不大。當轟炸開始不斷出現，「疏開」成了居住在高雄港、左營、岡山周邊市街民眾最好的保命之道。在鄉下有親友的，就到親友家去借住；沒親友的，多往田寮、燕巢、大社等山區租屋暫住，等待戰爭早日結束。

1945 年 8 月 15 日，二次大戰結束。當「疏開」到鄉間的人們重新回到曾經繁華的城市，看到的是滿目瘡痍的市街，艱困的復原工作正要展開，誰都難以料到南進基地高雄在烽火歲月付出的代價竟是如此巨大。

圖 2-5-14：盟軍轟炸哈瑪星地區。
（本館藏：KH2015.001.021）

圖 2-5-15：盟軍轟炸鹽埕地區。
（本館藏：KH2015.001.019）

# 六、清港與重建

**1945** 年 8 月 15 日，二次大戰結束日本戰敗。10 月，中華民國政府接收臺灣，成立臺灣省行政長官公署，作為統治臺灣的最高行政機關。12 月 1 日，長官公署交通處高雄港務局成立，掌理高雄港事務。然而此時的高雄港，呈現的是百廢待舉局面，亟待復原與重生。

## 航道清理與港口復舊

戰後初期的高雄港，面臨沉船阻塞航道及港口設備毀損的情況，但在經費資源拮据下，只能先進行打撈沉船的清港工程，當時港內有上百艘沉船，僅容許 3 百噸以下的船舶勉強進出。

1946 年 1 月，高雄港務局成立「航運恢復委員會」，提出「獎勵人民撈修沉船管理辦法」，鼓勵民間共同參與清港工作，以加速恢復高雄港航運功能。1948 年，港內大部分沉船均打撈清除，同時開始進行碼頭修復工作。

圖 2-6-1：戰後初期高雄港內的沉船。
（國家發展委員會檔案管理局提供）

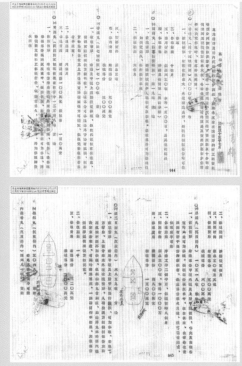

圖 2-6-2：高雄港務局進行的沉船調查報告。
（國史館臺灣文獻館提供）

圖 2-6-3：戰後初期高雄港內的打撈沉船作業。
（臺灣港務公司高雄港務分公司提供）

　　1949 年 8 月 23 日，1 艘來自中國廣州的 4 千噸軍船眾利輪發生大爆炸，造成停靠的 10 號碼頭全毀，成百上千人死傷。突如其來的意外為復舊工程平添波折，由於 10 號碼頭為高雄港僅有堪使用的深水碼頭，高雄港務局為此特別成立 10 號碼頭工程處，專司碼頭重建。1952 年，復舊工程大體完成，8 月間，3 萬噸級貨輪可自由進出港口。1955 年，高雄港的設施及航運功能已幾乎復原。

圖 2-6-4：眾利輪爆炸後 10 號碼頭殘破模樣。
（本館藏：KH2016.010.022）

圖 2-6-5：眾利輪爆炸後 10 號碼頭的清理作業。
（本館藏：KH2016.010.025）

## 意外的拆船王國

戰後由於物資短缺，將撈上來的沉船拆解，廢鋼材料重新煉製，能獲取鋼材，意外促成拆船業發展，讓高雄贏得「拆船王國」稱號。

1970 年代，政府提出包括設立大煉鋼廠在內的十大建設計畫，鋼材需求大增，在戰後初期拆船業奠基下，業者紛紛從國外購置廢棄船舶來臺拆解，拆船業蓬勃發展。1975 年，高雄港務局將小港大仁宮港埠用地規劃為拆船專區，是全球最大最專業的拆船集中區。極盛時期，小港的大仁宮加上紅毛港的大林，兩個區域的拆船碼頭多達 37 座，拆船廠商有 5、60 家之多。產生出來的鋼材供應中鋼公司 6 成左右原料，提供國庫 20 億稅收，甚至部分零件家具流入下游，形成公園路的五金、建國路的廢船家具等商圈發展。

圖 2-6-6：1950 年代後期高雄港的拆船作業。
（本館藏：KH2013.004.082）

圖 2-6-7：1970 年代的大仁宮拆船專區。
（國家發展委員會檔案管理局提供）

圖 2-6-8：1986 年發生的卡納莉油輪爆炸事件，對拆船業產生衝擊。（本館藏：KH2015.004.081）

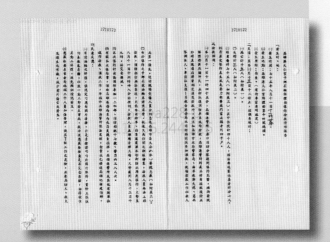

不過，拆船業終究是高污染、高危險的行業，當臺灣經濟達到一定水準，環保意義和勞權意識隨之抬頭，拆船業開始受到挑戰。1986 年 8 月 11 日，大仁宮碼頭在拆解卡納莉號（Canari）時，因燃起艙底尚存殘油而發生大爆炸，造成嚴重傷亡，這事件為拆船業敲響一記警鐘。

1989 年 5 月 1 日，高雄港務局收回大仁宮拆船碼頭，改闢建第五貨櫃中心。1990 年 1 月，還來不及解體的波多公主號被拖離高雄港，拆船王國從此走入歷史，一如西沉太陽消失在高雄港的海平面。

圖 2-6-9：省政府警務處卡納莉號爆炸事件調查報告。
（國史館臺灣文獻館提供）

## 港口擴建

　　1950 年代前期，高雄港的清港與復舊工程告一段落後，高雄港務局有鑑於臺灣貿易逐漸興盛，港口吞吐量日益增加，加以港區尚有 8 成以上的土地尚待開發，因而在 1956 年擬定 12 年之港灣擴建計畫。計畫在次年申請美援，1958 年獲得核准，並在同年 9 月 18 日開始實施。

　　港口擴建計畫規劃分 3 期，每期各以 5、3、4 年的時程進行，預計 1970 年 9 月完工。因進度超前，提前在 1968 年 10 月竣工。工程重點為重新規劃港區、浚深航道、填築土地、建造碼頭等。其中，浚深航道所挖出的泥沙，被利用來填築岸邊淺水地區的土地。總計填築出來的海埔新生地有 544 公頃，包括：

1. 中島區域新生地 218 公頃，即今中島商港區（第一貨櫃中心）、高雄加工出口區。

2. 前鎮河口南新生地 115 公頃，初規劃為石油化學品專用碼頭，現為前鎮商港區（第二貨櫃中心）及倉儲物流區。

3. 前鎮漁港南側新生地 89 公頃，即今小港商港區（第三貨櫃中心）。

4. 大林蒲附近新生地 122 公頃，即今大林火力發電廠及臺灣中油大林煉油廠一帶土地。

　　高雄港擴建計畫填築完成的新生地，可供港埠、工業區、漁業闢建開發，之後陸續興建中島商港區、加工出口區、前鎮漁港、臨海工業區，為日後高雄出口貿易、工業、漁業發展及貨櫃運輸開啟新頁，高雄港躍身為世界級國際港口實奠基於此。

圖 2-6-10：正在進行擴建工程的高雄港。（高雄港務分公司提供）

圖 2-6-11：高雄港擴建工程的濬深作業。
（高雄港務分公司提供）

圖 2-6-12：1958 年高雄港務局召開擴建會議的情況。
（本館藏：KH2002.016.012-0007）

圖 2-6-13：新填築出尚未開發的中島區。
（國家發展委員會檔案管理局提供）

圖 2-6-14：前鎮海埔新生地填築作業。
（本館藏：KH2002.016.020-0003）

# 七、港灣產業新布局

**港**口發展是影響一座城市，乃至於一個國家產業佈局的重要因素。高雄港憑藉優異的交通條件，促成以原料輸入、產品輸出為導向的臨港產業在港區附近集聚與發展。不但讓高雄港躍身為臺灣最大的國際商埠，也肩負著帶領臺灣1960、70 年代經濟起飛的使命。

## 加工出口區設置

1960 年代中期，臺灣正面臨到美援終止、國內資金短缺、農村勞力過剩等問題。為解決問題，政府創立加工出口區制度，擬興闢 1 處園區，給予園區廠商進口原料及半成品免徵稅捐、出口免徵貨物稅之優惠，以吸引外資及技術投資，並提供就業機會。園區產品僅供出口，禁止內銷，以避免影響國內廠商權益，因此園區有必要實施門禁。擴港計畫填築出來的中島區，因位處港口且位置相對封閉，於是雀屏中選為加工出口區用地。

1966 年 12 月 3 日，高雄加工出口區正式在高雄港中島成立，不僅是臺灣，也是全球第一個加工出口區。加工出口區創立3 年，投資額即達到 2,500 多萬美元，超出預估的 1,800 萬甚多，同時創造超過全臺總額 1 成的外銷額。加工出口區的成功經驗，很快就被複製在設立楠梓、臺中兩個加工出口區上。加工出口區設立是創造 1970、80 年代臺灣經濟奇蹟的重要功臣。

圖 2-7-1：興建中的高雄加工出口區。（經濟部加工出口區管理處提供）

圖 2-7-2：1963 年中央政府相關財經首長視察高雄港內高雄加工出口區預定地。左三為行政院國際經濟合作發展委員會秘書長李國鼎，左四為經濟部長楊繼曾，左五為財政部長嚴家淦，左六為外匯貿易審議委員會主任委員徐柏園，左七為交通部長沈怡，右一為高雄港務局長李連墀。
（經濟部加工出口區管理處提供）

圖 2-7-3：1970 年代初甫完工的高雄加工出口區。（經濟部加工出口區管理處提供）

圖 2-7-4：加工出口區因禁止產品銷入國內而門禁森嚴。（經濟部加工出口區管理處提供）

高雄加工出口區也創造了眾多的就業機會，即使是在爆發石油危機的 1970 年代，仍能提供超過 5 萬的就業人力，造就繼日治時期築港後再一波因港而來的勞工。不同的是，這群來到高雄港灣尋夢的勞工以女性居多，她們多用自己的青春換取家中經濟改善；以放棄升學支持家裡兄弟追求更高的學業與事業成就。1973 年，高雄港發生「高中六號」渡輪沉船事件，溺斃的 25 人，全數都是趕著上班的加工出口區年輕女工。加工出口區女工們是用血淚創造臺灣經濟奇蹟的重要推手。

圖 2-7-5：加工出口區創造大量就業人口，每到上下班時刻，總湧進大量的人潮與車潮。圖為 1970 年代初期加工出口區前擴建路上班時刻的景象。（經濟部加工出口區管理處提供）

圖 2-7-6：1980 年代高雄加工出口區前擴建路上班時刻景象。與 1970 年代初期相比，多數員工代步工具已從腳踏車換成機車，道路也已鋪上柏油。（經濟部加工出口區管理處提供）

圖 2-7-7：女性是加工出口區勞工的主力。（本館藏：KH2002.018.163）

圖 2-7-8：1985 年高雄市長蘇南成巡視 25 淑女墓。該地是 1973 年「高中六號」渡輪沉沒事件殉難的 25 名加工出口區女性合葬之處，2008 年更名為「勞動女性紀念公園」。（本館藏：KH2015.004.018）

### 遠洋漁業基地

　　自日治時期築港以來，高雄便成為臺灣遠洋漁業的發展核心。隨著漁船數量愈來愈多，噸位日漸增大，也產生建造具有現代化設備漁港的需求。1964 年，政府及民間人士擬利用擴港計畫，於今第二、第三貨櫃中心新生地間灘地興建 1 座可供遠洋漁業使用的大型漁港—前鎮漁港。

　　前鎮漁港規劃面積 68 公頃，包括水面泊地 28 公頃，陸上用地 40 公頃。漁港的設備建築經費由省政府、漁會及美援分攤或補助，興建工程則由高雄市政府負責。1968 年，漁港完工啟用。

　　前鎮漁港被設定為臺灣遠洋漁業基地，以魷魚、秋刀魚及鮪魚為重要漁獲，作業範圍包括太平洋、印度洋及大西洋等各大洋區，屬於「第一類漁港」，為臺灣停泊漁船噸級最大，漁獲量最多之遠洋漁港，為臺灣賺取大量外匯。

圖 2-7-9：1968 年 4 月 12 日前鎮漁港啟用。圖為臺灣省政府主席黃杰（前排中間）、農復會主任委員沈宗瀚（前排左 1）、交通部長孫運璿（前排右 1）巡視漁港並主持啟用典禮情況。
（本館藏：KH2002.010.170-0002）。

圖 2-7-10：前鎮漁港是戰後臺灣規劃的第 1 個遠洋漁業基地。
（行政院農業委員會漁業署提供）

## 臨海工業區開發

　　臨海工業區位於高雄港灣南側，跨小港、前鎮兩區，是臺灣大型的傳統工業區。其設立緣起於 1960 年「獎勵投資條例」公布，為吸引華僑及外商投資，特別將擴港計畫部分新生地及比鄰高雄港土地編為工業用地，初名南部工業區，後更名為臨海工業區。

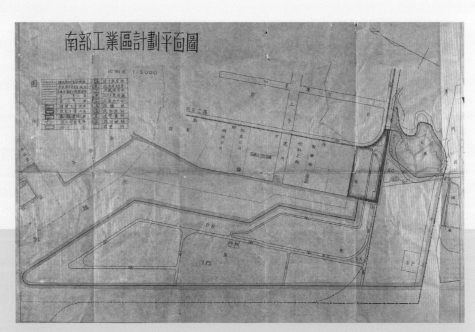

圖 2-7-11：
臨海工業區原名南部工業區。本圖是南部工業區計畫平面圖。
（本館藏：KH2006.020.025）

圖 2-7-12：
1963 年南部工業區舉行破土典禮。臺上致詞者為省主席黃杰。
（本館藏：KH2002.016.078-0002）

自 1963 年開始，臨海工業區以分期方式進行開發。至 1970 年代，配合國家基礎建設發展，在港區運輸原料區位優勢下，於此設置一貫作業大煉鋼廠（中鋼）、現代化造船廠（中船），十大建設占有其二。

1977 年 12 月，全區開發完成，開發總面積 1,560 公頃，一度是臺灣最大的傳統工業區，直到 1990 年代，最大工業區頭銜才被三區開發完成的彰濱工業區取代。由於臨海工業區占地廣袤，如臺機、唐榮等戲獅甲工業區內發展飽和的廠商均來此增廠，並配合中船、中鋼產生的鋼鐵機械產業群聚效應，將此打造成臺灣金屬工業重鎮，其後亦吸引造船、遊艇等產業聚集。此外，工業區擁有 4、5 百間廠商進駐，亦創造可觀的產值與數萬個就業機會，讓高雄延續日治時期工業往南發展的態勢，帶動南高雄前鎮、小港地區的人口成長與區域發展。

圖 2-7-13：
十大建設中的「中國造船廠」進駐臨海工業區，為工業區帶來鋼鐵機械產業群聚效應。
（本館藏：KH2019.024.085）

圖 2-7-14：臨海工業區。（本館藏：KH2018.013.010）

# 八、大貨櫃時代的開啟

長久以來，船運業者一直致力於增加船的速度和噸位，以提升營運績效，但效果不如預期。其後，航運業者發現節省港口上下貨時間，以及貨艙空間運用極大化，才是績效提升的重要因素。

1950 年代中期，美國商人麥克萊恩（Malcolm Purcell McLean）嘗試將標準化貨櫃運用於卡車與貨輪上，讓貨櫃在碼頭可以直接從卡車吊掛到船上，無須先卸貨，開啟船運界的貨櫃革命。1960 年代開始，貨櫃廣泛被運用在船運上。而高雄港並未自外於世界貨櫃革命的潮流，與時俱進地打造相關設施，以標準化、效率化的方式處理宛如積木般的貨櫃。時至今日，大貨櫃時代仍在持續著。

## 貨櫃時代序幕

1967 年 5 月 18 日，1 艘名為「有利麻捷斯號」的半貨櫃船駛進高雄港，這是高雄港貨櫃船初體驗。但在缺乏貨櫃相關設備下，只能比照雜貨船處理，要求貨櫃船自備吊桿，利用碼頭空地堆放貨物。

圖 2-8-1：
1969 年東方神駒號首航報導。
（翻攝自《中華日報》）

1968 年，國際經濟合作委員會邀請懷特工程顧問公司（The J.G. White Engineering Corporation）前企劃經理狄卜賽（Valery Sergei de Beausset）來臺考察，其針對高雄、基隆兩港貨櫃運輸提供諸多具體意見，並建議政府成立研究小組提出計畫因應，以接軌貨櫃化運輸的世界潮流。

1969 年 3 月，交通部貨櫃化運輸策劃小組決議在高雄港設立貨櫃碼頭。在貨櫃碼頭完成前，高雄港務局先在同年 7 月將蓬萊商港區的 1 號碼頭改為臨時貨櫃碼頭。11 月，1 艘由中國航運公司改裝的貨櫃船「東方神駒號」於高雄港停泊首航，揭開屬於臺灣的貨櫃時代序幕。

高雄港分兩個階段建設貨櫃碼頭。第一階段先將中島區 40-42 號碼頭建設為半永久性貨櫃碼頭，於 1970 年 10 完工，即第一貨櫃中心，面積約 10.5 公頃，可儲放 2,500 個 TEU（Twenty-foot Equivalent Unit，20 呎標準貨櫃）。第二階段是將前鎮商港區第 63-66 號碼頭建設為永久性貨櫃碼頭，於 1970 年 11 月動工，1973 年 1 月全部完工啟用，即第二貨櫃中心，面積約 45 公頃，可儲放 12,000 個 TEU。高雄港自此已粗具貨櫃港規模。

圖 2-8-2：位於中島商港區的第一貨櫃中心。
（本館藏：KH2016.010.126）

圖 2-8-3：位於前鎮商港區的第二貨櫃中心。
（本館藏：KH2016.010.127）

## 第二港口興闢

　　第二港口最初是基於國防考量而開闢。早在 1949 年國共戰爭末期，時任臺灣省主席陳誠為避免高雄港遭到封鎖，提出興建第二港口構想。1963 年，李連墀上任高雄港務局局長，積極推動第二港口興建，獲得批准後，隨即啟動興建計畫，選定在旗津半島名為「崩隙」之處為第二港口位置。1965 年 7 月，省政府組成「高雄港第二港口規畫委員會」主其事；1967 年，第二港口預算獲省議會通過，高雄港務局成立第二港口工程處專責工程進行。同年 10 月，第二港口工程動工，歷時 7 年餘，於 1975 年 7 月 16 日通航。

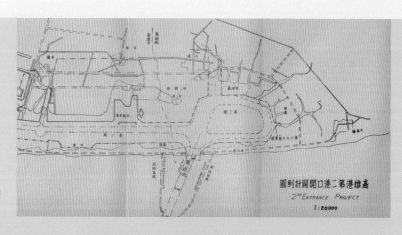

圖 2-8-4：
第二港口開闢計畫圖。
（臺灣港務公司高雄港務分公司提供）

圖 2-8-5：1967 年 10 月，舉行高雄港第二港口開工典禮。
（本館藏：KH2002.008.067）

圖 2-8-6：第二港口模型。
（本館藏：KH2016.010.209）

第二港口是以 7 萬 5 千噸輪船通行的標準而興建,有效寬度 160 公尺,低潮水深 14 公尺。完工後,適值貨櫃時代風起雲湧,因國防因素而興建的第二港口,成為了貨櫃港發展的前瞻建設,大型貨櫃船進出高雄港,均以之為航道,「大船入港」是第二港口獨家風景。

圖 2-8-7:1975 年 7 月,第二港口完工,在信號臺舉行通航典禮。(本館藏:KH2012.006.009)

圖 2-8-8:大噸位貨櫃船概由第二港口進出,「大船入港」是第二港口獨特風景。
(臺灣港務公司高雄港務分公司提供)

### 過港隧道開鑿

　　第一、二貨櫃中心開闢後，由於水深均不到 12 公尺，恐難以應付噸位日益加大的貨輪。在第二港口完工之際，又有第三、四貨櫃中心興建計畫。

　　第三貨櫃中心選擇設立在擴港計畫中的新生地小港商港區第 68-70 號碼頭，1975 年 11 月開工，1981 年 2 月完工。水深 14 公尺，面積 48 公頃，可儲放 18,000 個 TEU。

圖 2-8-9：位於小港商港區的第三貨櫃中心。（本館藏：KH2016.010.128）

　　第四貨櫃中心地點則是基於高雄港灣東、西兩側均衡發展
考量，選擇設立在旗津的中興商港預定地。然而，第二港口的
興築，截斷旗津與高雄市區的陸連關係，為便利貨櫃陸上運輸，
而有興建過港隧道之舉。

　　1979 年，行政院核准過港隧道開闢計畫，規劃自高雄
市新生路經前鎮漁港與第三貨櫃中心間之漁港南三路，穿過
寬 440 公尺，水深 14 公尺之港口主航道，至旗津中興商港區
預定地。1981 年 5 月 13 日，過港隧道開工，歷時 3 年，於
1984 年 5 月 18 日完工通車。隧道本體含引道全長 1,550 公尺，
是臺灣唯一的水底公路隧道。

　　過港隧道興建期間，於 1983 年啟動中興商港區的第四貨
櫃中心建設，在商港區 8 個碼頭中，規劃 115 至 121 號共 7
個貨櫃碼頭。1993 年第四貨櫃中心全部完工啟用，水深 13.5
至 16.5 公尺，面積約 100 公頃，可儲放 35,000 個 TEU。

　　受到 1986 年卡納莉號爆炸事件影響，高雄港務局決定收回大仁宮拆船專區，闢建第五貨櫃中心。1988 年 7 月，工程動工，過程中遭遇拆船業者陳情拆遷問題，工期歷時超過 10 年，於 2001 年 2 月完工。其中 75 至 81 號為貨櫃碼頭，水深 13.5 至 14.5 公尺，面積約 90 公頃，可儲放 49,000 個 TEU。

　　在貨櫃運輸基礎建設及軟硬體設施漸趨完備下，1980 年代末期延伸到 1990 年代，高雄港一舉晉身全球第三大貨櫃吞吐港，僅次於香港、新加坡，也是臺灣貨櫃運輸的黃金時代。

圖 2-8-12：位於大仁商港區的第五貨櫃中心。（臺灣港務公司高雄港務分公司提供）

圖 2-8-13：
第二港口開闢前的紅毛港。
（本館藏：KH2016.010.079）

圖 2-8-14：
拆遷前的紅毛港。
（本館藏：KH2012.003.001）

## 紅毛港遷村與洲際貨櫃中心新願景

　　紅毛港位於高雄港灣南側，原為旗津半島的一部分，是高雄漢人較早發展的聚落，長久以來，居民多依海及港灣維生。1967 年展開的第二港口工程，對居民生活產生衝擊，許多居民賴以維生的潟湖遭到填埋，世居在港口位置的崩隙張姓家族更被迫搬遷到小港臨海新村。

　　1968 年，紅毛港被劃入臨海工業區預定地的範圍，實施限建，遷村意見被提出。經地方不斷陳情，1972 年，紅毛港被劃出臨海工業區範圍，限建暫時解除。不料在 1975 年第二港口完工後，紅毛港又被劃入第六貨櫃中心（大林商港區）預定地，次年起再度實施禁建兩年。1979 年，行政院核定紅毛港為大林商港區第六貨櫃中心用地，遷村幾乎成為定局。

　　不過，遷村從定案到真正實施是一條漫長的路。居住正義的陳情抗爭，龐大的遷村經費，讓遷村計畫一再延宕。2003年，中央政府提出高雄港洲際貨櫃中心計畫，將第六貨櫃中心列為洲際貨櫃中心用地，同年，高雄市政府提出整體配套安置方案，使遷村作業加速。2006年，高雄港務局完成超過9成的房屋點交，5月，遷村及聚落拆除工作展開，紅毛港逐漸淡出歷史舞臺。

　　紅毛港聚落消失，換來洲際貨櫃碼頭中心計畫的進行。洲際貨櫃中心計畫目的，在興建新一代洲際深水貨櫃碼頭，可供1萬5千TEU貨櫃船停靠，以提升高雄港轉運功能。

圖 2-8-15：拆除中的紅毛港。
　　　　（本館藏：KH2012.004.171）

圖 2-8-16：紅毛港拆除時的抗爭。
　　　　（本館藏：KH2012.004.170）

圖 2-8-17：拆遷後的紅毛港。（本館藏：KH2012.004.002）

圖 2-8-18：洲際貨櫃中心計畫主要在興建深水的第六、第七貨櫃中心。中央遠處可看到第六貨櫃中心及即將作為第七貨櫃中心的填築地。（臺灣港務公司高雄港務分公司提供）

　　第六貨櫃中心工程採取 BOT（Build–operate–transfer）的方式進行，2007 年 9 月，由陽明海運公司成立的高明貨櫃碼頭取得開發經營權，12 月工程動工，2011 年 1 月，108、109 兩個碼頭先行完工啟用，2014 年 9 月，110、111 號碼頭亦加入營運，總計第六貨櫃中心擁有 4 個水深 16 公尺的貨櫃碼頭，面積約 75 公頃，可儲放 77,000 個 TEU。

　　不管是臺灣經濟起飛，還是全球化的產業貿易布局，貨櫃運輸都扮演著重要的角色，直到今日，依然是海上運輸的主流，高雄港處在潮流趨勢下，貨櫃運輸設施仍是港口建設的現在進行式。

# 九、舊港新灣

百年來的高雄港與高雄市，原本是互相依存而發展。戰後一堵高牆，阻絕了「港」與「市」的連結。2000 年以後，高雄港空間逐漸解嚴，「港」與「市」的關係重新建立，新的高雄港正在蛻變。

## 市港合一的追求

戰後的高雄港，是由臺灣省政府轄下交通處成立的高雄港務局管理，高雄市政府無法將高雄港納入市政整體規劃考量，圍牆也阻擋了市民親近港灣的需求。

1979 年，高雄升格為與省平起平坐的直轄市，讓「市港合一」露出一線曙光。然交通部決議高雄港維持由臺灣省代管，希望旋即破滅，但地方爭取市港合一呼聲卻日益高漲。

1990 年代，臺灣走向民主化，政府必須更為積極回應「市港合一」要求，特別是直轄市長開放民選後，市港合一是不分黨派高雄市長候選人都必須極力爭取的政見。2000 年，陳水扁就任總統，指示行政院須在 1 年內實施市港合一計畫，市港合一政策獲得中央政府明確的宣示。然而，市港合一政策在次年僅以行政命令的方式進行，由於涉及的中央單位繁多，初期並未有太大進展。

2005 年，高雄市政府成功說服港務局、國防部、鐵路局，同意拆除高雄港外圍牆，為市港合一邁出重要的一步，大海終於重映高雄市民眼簾。2017 年 3 月 29 日，高雄市政府與港務局改制的臺灣港務公司合資成立「高雄港區土地開發股份有限公司」（簡稱港區開發公司），共同高雄舊港區及周遭土地，這是中央與地方、港市攜手合作的第一步，也是推動「市港合一」的重要里程碑。目前市港合一仍未竟全功，期待未來「港」與「都」真正合一的高雄港都。

圖 2-9-1：
位於愛河出海口左岸的第 13 號碼頭，曾是高牆隔絕的軍用碼頭，是載送高雄子弟前往金門、馬祖服役的出發地點。
（本館藏：KH2015.002.086）

圖 2-9-2：2005 年，軍用的第 13 號碼頭退役後，取名為「光榮碼頭」，以紀念其保家衛國的光榮歷史。（本館藏：KH2015.004.239）

## 改造舊港區

舊港區是指日治時期築港計畫建設出來的新濱碼頭和蓬萊商港區，這裡是高雄港成為現代化大港的起點，也與高雄早期發展息息相關。戰後隨著港口及貨櫃中心往南擴建，水深不足的舊港區航運能量所佔比例逐漸下降，2000年後「市港合一」的呼聲，造就舊港區改造的契機。

目前高雄著名景點駁二特區，原本是高雄港第三船渠內的舊倉庫群，2000年因國慶煙火施放緣故，成為藝術家矚目的地點。2005年高雄港圍牆拆除，次年，高雄市政府文化局接管駁二特區，接連舉辦高雄設計節、好漢玩字節、鋼雕藝術節、貨櫃藝術節、展演等活動，並引進裝置藝術，將駁二打造為高雄新景點。

圖 2-9-3：改造廢棄倉庫的駁二藝術特區，是高雄近年的新興熱門景點。（駁二藝術特區提供）

圖 2-9-4：2020 年 7 月完工的大港橋，橫跨第三船渠，連結蓬萊商港區和駁二特區。（高雄市政府新聞處提供）

　　2008 年，位於哈瑪星的高雄港車站廢站，掀起車站保留與否的討論。2010 年 10 月，高雄市政府文化局認養場站，保留股道，加入鐵道景觀設施；並由高雄市立歷史博物館認養站房及月臺，同時將站房開設「打狗鐵道故事館」（2017 年更名為舊打狗驛故事館），使原本職司運輸的高雄港車站搖身一變為觀光休閒的鐵道文化園區。

　　棧貳庫的改造與活化，是港區開發公司成立後，市港合作的第一個重大計畫。棧貳庫位於蓬萊商港區 2 號碼頭，原為日治時期第二期築港計畫時，於 1914 年興建為蔗糖儲存、輸運出口之專用倉庫。二次大戰期間遭到空襲破壞，1962 年以鋼筋混凝土柱重建，做為蔗糖與香蕉出口專用倉庫，倉內無樑柱為最大特色，曾見證臺灣香蕉外銷、經濟起飛的黃金時期，2003 年經市政府公告為歷史建築。前一年，高雄港務局效仿淡水漁人碼頭，以 BOT 方式開發為觀景親水休閒區，稱為「高雄漁人碼頭」。2011 年租約到期後，一度閒置，2018 年，港區開發公司重新改造倉庫，命名為「棧貳庫」，是全國最大單一舊倉庫改造活化案例。

　　同年，蓬萊商港區卸下管制區身份，民眾可以結合棧貳庫及駁二藝術特區、高雄港站鐵道文化園區、旗津，悠遊於舊港區。高雄港不再是門禁森嚴的港埠，而是市民得以自由親近的港灣，同時也是高雄近年來興起的新亮點。

## 打造新灣區

自 160 年前打狗港開港以來，港口每一次的擴張與發展，大抵都是不斷與海爭地的結果，包括清末洋行的哨船頭填海造陸；日治初期的打狗築港計畫；戰後的十二年港口擴張計畫等皆是。南星計畫是 1980 年代提出的港灣南側填海造陸計畫，材料來自於處理成無害狀態的建築及工業廢棄物，預計填築面積 300 公頃，陸地向外海延伸約 3 公里。

填築的土地被規劃為自由貿易港區，包括興建洲際貨櫃中心（已完成第六貨櫃中心，第七貨櫃中心預計 2023 年完工）、倉儲物流區及產業專業區，以因應全球運籌管理、貿易自由化及國際化等經營模式，爭取高雄港商機，提供國家競爭力。

另一方面，高雄市政府則是在 1990 年代初期中央政府提出「亞太營運中心」政策時，順勢推出「多功能經貿園區」政策，將亟待轉型的戲獅甲工業區納入其中。2011 年以後，「亞洲新灣區」取代「多功能經貿園區」名稱，以高雄世貿展覽館、市圖總館、港埠旅運中心、輕軌、海洋文化及流行音樂中心等五大公共建設帶動國內外民間企業投資，發展高雄影視、會展、文創、水岸觀光及遊艇等產業。目前亞洲新灣區已成功塑造為高雄新地標。

圖 2-9-5：南星計畫勒石。

（本館藏：KH2019.021.252）

圖 2-9-6：南星計畫填築出來的大林蒲海濱公園。

（本館藏：KH2018.012.021）

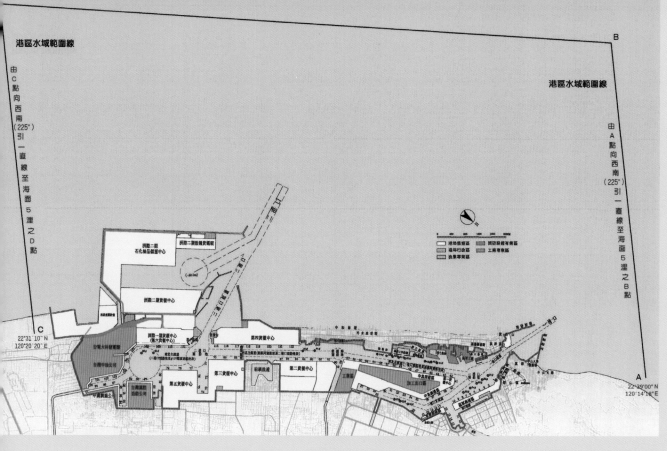

圖 2-9-7：高雄港現況與佈局。（臺灣港務公司高雄港務分公司提供）

圖 2-9-8：目前亞洲新灣區是高雄的新地標。（高雄市政府新聞局提供）

圖 2-9-9：高雄展覽館。（高雄市政府新聞處提供）

圖 2-9-10：市圖總館。（高雄市政府新聞局提供）

圖 2-9-11：遊艇碼頭與興建中的港埠旅運中心。
（高雄市政府新聞處提供）

圖 2-9-12：輕軌連結了新舊港灣區。（莊天賜拍攝）

圖 2-9-13：高雄流行音樂中心。（高雄市政府文化局提供）

鐵道篇

## 一、打狗鐵道初體驗

## 鐵道與高雄

　　清治時期以「左營」及「鳳山」兩大重要聚落為發展的中心，日本領臺後，伴隨著鐵道運輸的出現、交通網絡的建立，促成了聚落發展重心的轉移。1900 年 11 月縱貫鐵道南部段開通，緊接著濱線的鋪設，鐵道連接港口，加上 1910 年代後，岸壁鐵道的陸續完成，製糖會社、水泥會社等產業專用鐵道。百年前的高雄地區，透過鐵道綿密的運輸路網奠定高雄成為工業發展的基礎設施。

　　一條條血管似的鐵道，作為高雄這座城市的命脈，運輸無數的旅人與物資，並乘載所有高雄人的生活記憶。因此，擬透過鐵道系統的建立，帶領讀者們重新認識高雄邁向近代化與鐵道共生共榮的故事。

**打**狗在清統治時期，尚非重要港埠。當時臺灣主要對外口岸仍以安平、淡水為主。打狗港雖有零星貿易，但當時高雄仍以平原區為主要聚落，其中以「左營舊城」及「鳳山新城」兩地為主。1908 年縱貫線的開通後，加上 1910-1930 年代岸壁鐵道的陸續鋪設完成，製糖會社、水泥會社等私設鐵路與產業專用鐵道深入鄉鎮。百年前的高雄地區，漸次形成鐵道運輸路網。二戰後，全臺最大規模的環狀鐵路系統－高雄臨港線，成為高雄晉身工業大城、貨櫃大港的重要推手。

### 臺灣早期的旅行經驗

　　南臺灣擁有稻米作及砂糖等豐富農產品，早期是靠著牛車搬運，或利用河運進行運輸。然而，臺灣南北交通常因東西向的大河橫加阻斷，往來極為不便。在鐵道通車之前，利用牛車載運至港口後，利用帆船運往他處，成為臺灣早期的運輸模式。

圖 3-1-1：
牛車一直為臺灣早期的重要交通工具。
（本館藏：KH2018.017.055）

圖 3-1-2：
往來於鄉間也多以人力臺車為主。
（本館藏：KH2021.033.0003-0005A）

這也說明「一府、二鹿、三艋舺」臺灣城市發展的歷程，以「港口」為主。南北交通不便，造成貨運運輸成本的高昂。劉銘傳時期，曾計畫興築基隆至臺南的鐵道。直至日本領臺前，也僅完成基隆至新竹間的鐵道。早期擁有「左營舊城」及「鳳山新城」兩座城邑的高雄，雙城間設有「雙城古道」，便多以牛車往來，古道上南販北賈不絕於途。後多有利用輕便台車作為往來城鄉的交通工具。

## 打狗與臺南間的鐵道

1895 年，日本領有臺灣後，臺灣治安未靖，為執行軍事行動，先行在各地築有軍事用的輕便軌道，當時由臺灣陸軍補給廠鋪設，作為運送兵員及軍事物資所用，因作臨時性質，就軌道鋪設的標準、運輸能力，都不如後來的縱貫線。1895 年 12 月打狗至臺南間鋪設輕便軌道便已完工，後更延伸至新竹以南的區域，成為當時重要的交通工具。

然而，為開展殖民事業，積極建設臺灣之故，民政長官後藤新平提出了推動基礎建設計畫。當時被視為治臺三大工程的縱貫鐵道、築港工程及調查事業亦如火如荼的展開。1899 年 3 月，臺灣總督府設立臨時臺灣鐵道敷設部，專責縱貫鐵道敷設工事，同年 10 月改組為「鐵道部」，以民政長官後藤新平兼任部長，長谷川謹介擔任技師長，積極展開舖設計畫。

為加速縱貫鐵道的興築，分別由打狗及新竹南北兩邊同時展開。縱貫鐵道會選擇以打狗為端點，其實考量鐵道與港口的聯結效益。原先，縱貫鐵道的預定線，是要由打狗經鳳山再轉至楠仔坑北上，但長谷川謹介技師長認為鳳山雖為行政中心，但相較新式糖業、無重要產業發展潛力，為提升經濟及運輸效率，遂改由舊城經鼓山抵打狗。會作這樣的線路更改，是與「速成延長主義」有關，考量以最快速度的鋪設，達成提前開通及經費節約的目的，至於打狗鳳山間鐵道則於 1907 年另外完成鳳山支線。

縱貫線南部路段於 1900 年 11 月 28 日正式通車，時任總督兒玉源太郎亦出席打狗停車場的通車典禮。

圖 3-1-3：
1904 年臨時打狗停車場。初代停車場位於今鼓山一路 87 巷口。（財團法人臺灣基督長老教會臺灣教會公報社）

NEIGHBORHOOD OF TAKOW RAILWAY STATION, FORMOSA. 臺灣打狗停車場附近之景

圖 3-1-4：1904 年臨時打狗停車場。
（林志明提供）

圖 3-1-5：縱貫線南部段最早一批 60 磅級鐵軌，為美國卡內基鋼鐵廠製造。退役後成為舊高雄車站雨棚骨架。
（謝明勳提供）

縱貫鐵道全線於 1908 年完工，鐵道的完成，對於臺灣總督府統治在軍事方面能更快速動員和部署，有效嚇阻中南部的反抗運動。在經濟方面，也因鐵道通車，南北貨物得以相對迅速轉移，從基隆與高雄兩港間快速流通至世界各地。使得臺灣整體經濟規模大幅成長；另外，旅客間南北往來旅程時間的也能縮短至一日可達，且安全可靠。正因如此，縱貫鐵道的通車，幾乎可以說是臺灣第一次的空間革命，不僅影響經濟發展，也對聚落發展樣態產生不小的影響。

圖 3-1-6：
縱貫鐵道全通式紀念明信片。
（本館藏：KH2021.033.0001）

# 二、鐵道與城市發展

## 鐵道與築港

　　縱貫鐵路起自基隆止於打狗，在線路設計之初，會選擇將終點設於打狗，長谷川謹介技師考量利用港口運輸，作為鋪設鐵道建築材料的目的；但主要仍是著眼利用港口與鐵路串連達到海陸聯運的效果。

　　1900 年由臺南至打狗的南部段縱貫鐵路通車後，在今鼓山一路 87 巷路口設置有「打狗臨時停車場」，但離港區距離尚遠，難以發揮效用。鐵道部為使鐵路與港口連結，因此於 1904 年 6 月間，進行填築埋立地、延長鐵道線至海埔地濱海處，並將停車場往南遷移。

圖 3-2-1：
1908 年為配合縱貫鐵道通車後打狗驛向南延伸至離港區較近處設立新站。（高雄市立歷史博物館典藏）

驛堆高の端南故線本貫縱（驛高打）
The Takao station. The South terminal of the rail-way traversing Taiwan, Takao.

圖 3-2-2：哈瑪星曾為魚塭地的區域，經過築港工程
後，轉化為高雄市重要商業重鎮。
（本館藏：KH2003.008.151-0008）

圖 3-2-3：小澤秋成所繪製的高雄驛前。
（本館藏：KH2003.008.149）

　　1905 年 12 月間，埋立地陸續完成，
鐵道向海埔新生地延伸，延伸至約今鼓山
漁市場，並在其附近築有倉庫，作為裝卸
貨物所用。1907 年 5 月鐵道部埋立地工程
全部竣工，共填築了 3.8 萬餘坪土地。隔年
（1908），打狗驛也往南遷至新濱町，使車
站腹地擴大，亦臨港區較近，成為海、陸運
樞紐之地位更形穩固。

　　鐵道部完成埋立地工程後，1908 年 4
月，日本帝國議會通過預計花費 4 年總預算
400 餘萬的「打狗港築港計畫」，築港工程
主要進行港內疏浚、開闢航道、清除港口外
淤淺沙洲，並建岸壁碼頭及倉庫與堆置場等
相關設施。其中，透過疏浚時的土方，就近
填築 6 萬餘坪土地的新市街，新填築出的土
地，即後來被稱為「哈瑪星」的區域，其規
劃有住宅區，另規劃政治金融商業區域及現
代化都市相關設備，是打狗最早依都市計畫
所設立的街區。

## 城市中軸線：大高雄的都市計畫與大港新車站

　　1900 年縱貫鐵道南部線通車後，有效連結打狗與臺南間，串接橋仔頭新式糖廠等沿線產業。然而，當時位於南部農產行政中心的鳳山仍僅有輕便軌道聯結苓雅寮等地。為此，再從打狗向東延伸興築「鳳山支線」至九曲堂，1907 年 10 月完工通車，設有三塊厝、鳳山等站，也新建首座跨越打狗川（今愛河）的鐵道橋。1913 年鳳山支線進一步延伸至阿緱（今屏東市），而跨越下淡水溪的鐵道橋，在飯田豐二技師的監造下成為東亞最長的鐵橋。

圖 3-2-4：橫跨下淡水溪的鐵橋，曾為東亞最長的鐵道鐵橋。（本館藏：KH2021.033.0003）

圖 3-2-5：鳳山支線上的九曲堂驛。（國家圖書館提供）

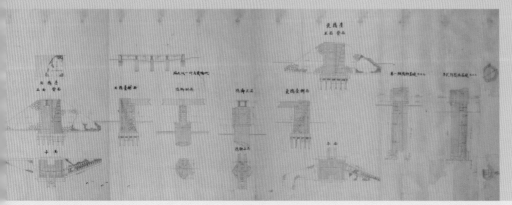

圖 3-2-6：
鳳山支線打狗川橋梁圖設計圖。鳳山支線工程中最困難是打狗川橋梁的建設。該橋梁全長 173.6 呎，以 4 跨 40 呎鋼梁組成，橋墩以磚砌花崗石直徑 9 呎沉箱構成，紅磚由附近剛成立的鮫島煉瓦三塊厝工場供應。（本館藏：KH2020.014.0001）

圖 3-2-7：1941 年 6 月，高雄帝冠式車站落成啟用，成為帝
國南方重要的門戶，市內公車總站也隨即調整以
車站為起乾站。（本館藏：KH2019.024.001）

1910 年代，築港工程及鐵道次第完成後，原有高雄市區的哈瑪星及鹽埕一帶，人口快速增加。市區腹地日漸壅擠。1922 年公告的都市計畫中，首次將高雄川（原稱打狗川，今愛河）東岸前金地區納入都市計畫之中。

隨後，1936 年高雄州公布以 1965 年時達到 40 萬人口的「大高雄都市計畫」，該都市計畫規劃了商業區、住宅區及工業區等範圍。其中最為耀眼的即是在臨近舊聚落三塊厝附近的大港庄設置「高雄新驛」，成為新市區的中心點。「新高雄驛」位於城市的中軸線上，並於車站前設置廣場及 50 米面寬的三線道路，栽種上南國特有的椰子樹，讓新車站成為日本帝國南進基地的新玄關，營造出不同以往的氣勢。

圖 3-2-8：1940 年代為配合高雄新驛所開闢的
50 米面寬三線道路，並栽種象徵南方
意象的椰子樹，為今站前中山路。
（本館藏：KH2004.009.001）

三、海陸串聯的優勢

### 濱線

　　縱貫鐵道的終點位於打狗地區，最早於 1900 年南部段通車後，因遠離港灣，陸續完成埋立地，鐵道部即沿著剛填好的海堤，從停車場鋪設往南的鐵軌，形成濱線。濱線末端新建「貨物停車場」，設有調度用的貨物倉庫、集散場地、棧橋的岸璧碼頭，漸形成完整海運和陸運之間裝卸轉運的作業場域。

圖 3-3-1：該影像為 1910 年代正在進行哈瑪星一帶填築的影像，
　　　　　當時可見哈瑪星正在填築，而房舍群則為濱線倉庫。
　　　　　（本館提供）

圖 3-3-2：
高雄驛作為縱貫鐵路的終點，
亦有鐵道沿伸至港區。
（本館藏：KH2015.004.415）

圖 3-3-3：打狗鐵道部出張所及鐵道工場。
（本館提供）

## 岸壁鐵道

　　高雄驛不僅作為縱貫鐵路終點，同時也兼負鳳山支線的起點及連結港口的轉運站，幾乎擁有全臺灣最為完整、寬大的站場規模。擁有分別延伸至第二碼頭區前面的「表岸壁線」與碼頭後方倉庫的「裏岸壁線」，以及連絡碼頭和倉庫的港區支線，如濱線、北裏岸壁線等。還有一座 16 孔的扇形機關車庫，作為機關車整備檢修的基地。另外在今大公路至五福四路一帶有著南部最大的檢車修車的高雄鐵道工場，主要負責客貨車輛的製造、檢修等作業。

　　為港區裝卸便利，1914 年配合第二碼頭區的啟用，便由打狗驛南端延伸出支線向東繞過機關區，到達碼頭前線，稱為「表岸壁線」，透過鐵道及現代化港埠的搬運設備，更加速港區貨物裝卸能力。

　　另外 1922 年，配合「裏船溜」的啟用，再從高雄驛（打狗驛改稱）北端延伸出支線，到達裏船溜南岸，稱為「裏岸壁線」。1930 年代裏船溜北岸的「北裏岸壁線」也完成。這條北裏岸壁線也是臨港線本線的前段，今日成為駁二輕軌路線。鐵道能及的區域，均設有倉庫及裝卸機具，除了鐵道部擁有的倉庫外，亦多為三井、商船、鹽水港、明治與臺灣製糖會社所擁有。也正因為高雄驛向港區建構完整綿密的鐵路運輸網絡，讓產品可透過鐵道迅速將貨品運抵港口。其中製糖會社的砂糖便利用鐵道運至港區倉庫暫放後，待船期再運送上船。

## 高雄港灣的優勢

高雄港為南部重要貨物集散港灣，經日治時期的銳意建
設、疏濬，已漸成良港，並陸續開闢高雄－橫濱線、高雄－廣
東線、高雄－天津線、臺灣－朝鮮滿州線等航線。築港完成後
的 1924 年，高雄港貨運吞吐量已達到 158 萬噸、貿易總額超
過 2.3 億日圓，出入船隻達到 904 艘，主要輸出商品有香蕉、
木材、米、鹽、酒精、水泥及砂糖及鳳梨罐頭等，主要輸入物
品則有作為肥料原料的豆粕、麻袋、鐵、肥料等物品。同年度
高雄驛處理的貨物運量 100 萬餘噸，尚不包括散裝貨物。貨物
運量中，到站（出口）以砂糖、芭蕉及米作三大物產為主。而
由高雄驛發貨的列車則以肥料及水泥與煤居多。

因為港灣與鐵道串連成為綿密的交通網絡，也促使早期打
狗一帶沿著鐵路及港灣漸發展出工業規模。如早期的三塊厝地
區，因鄰近鐵道及高雄川流域，可利用其交通優勢，成為重要
的工業地帶，知名的製罐工場、製酒工廠及 1899 年成立的臺灣
煉瓦株式會社均位於此。一水之隔壽山山腳下的淺野水泥株式
會社高雄工場，則利用高雄川運河及鐵道運送原物料及成品赴
港口外銷。另外，鐵道也加速農產品的外銷作業，由於水果均
有成長期，為使農產品能快進運銷日本，因此全程採用鐵道連
輸至港灣後，直接出口至日本等地，成為海陸聯運最好的範例。

（行盤館具寫田吉）　　Takao Harbour, Formosa.　　（灣臺）　庫倉屋上壁岸狗打

圖 3-3-4：高雄港岸壁上屋倉庫。即今棧貳庫及蓬萊商港區。（本館藏，KH2003.008.150）

圖 3-3-5：高雄港岸壁倉庫與相關設施。即今新濱碼頭區。（本館藏，KH2018.017.184）

# 四、產業生命線

縱貫鐵道通車，無形中促使臺灣地理空間的革命，影響所及，包含社會聚落發展、產業型態都悄然轉變。然而，鐵道所能觸及的鄉鎮相對偏少，縱貫鐵道選擇路線時，也常因地方人士反對而改線，造成許多產業及城鎮無法與鐵道串連。各地製糖會社、產業會社發展出以輕便鐵道串連聚落或產地，這些輕便鐵道成為日治初期重要的城際交通網絡。是公路運輸尚未普及前，臺灣重要的運輸工具。

輕便鐵道多以762mm軌距為主，因地形條件受限較小，且鋪設容易、牽引機關車要求較小，成為輸送甘蔗、香蕉等農特產品的重要交通工具。輕便鐵道深入鄉鎮間運輸貨運的同時，還對外開放一般客運，也使得這類的產業鐵道成為日治時期重要城鎮的交通線。南部的私設鐵路多為製糖會社鋪設，其影響直至二戰後。另有運送工業產品的鐵道側線及軍事用途的鐵道支線等，茲說明如下：

## 製糖業命脈－旗尾線、後壁林線

臺灣南部為重要製糖產地，因需載送甘蔗到製糖工廠，多鋪設有輕便鐵道，輕便鐵道連結城市與農村，不僅載送原料，更經營客運，運費相對便宜，受到民眾歡迎，成為城鎮與農村間重要的交通工具。

1901年，臺灣製糖株式會社於橋仔頭設立新式糖廠，成為臺灣新式製糖工廠的濫觴，並設有至阿蓮、燕巢等地載運甘蔗的輕便鐵道。其後，高雄地區尚有新興製糖會社的山仔頂（今大寮）、臺灣製糖會社的後壁林（今小港）、鹽水港製糖會社的旗尾等3處重要的製糖工廠。

圖 3-4-1：日治時期旗尾線旗山至
　　　　　九曲堂車票。（黃坤富
　　　　　提供）

圖 3-4-2：二戰後旗山糖廠鐵道車票。
　　　　　（黃坤富提供）

其中，旗尾一帶過去即為重要的甘蔗種植地區，存在許多舊式「糖廍」，1909 年製糖工場設立後，為加速砂糖的輸出，由鳳山支線九曲堂鋪設輕便鐵道連接旗尾製糖所（今旗山糖廠）。1912 年線路更延伸至美濃竹頭角地區。旗尾線全長近 40 公里，初期為運送砂糖，1920 年代旗山一帶的香蕉種植興起後，旗尾線成為促進香蕉產業發展的重要交通命脈。旗尾線除經營貨運業務，更是旗山對外連接的重要運輸工具，高峰時全線共設有 22 站，旅運人數達到百萬人次。該數字在高雄州僅次於高雄及屏東。可見旗尾線宛如旗山產業交通命脈。小港地區亦築有鳳山至後壁林製糖所的輕便鐵道。

陳中和於今日大寮區設立新興製糖株式會社山仔頂製糖所，為載運甘蔗原料，亦鋪設、經營「林仔邊線」輕便鐵道，於 1909 年 6 月開業，除作原料及產品運輸，也經營載客服務。

二戰後，輕便鐵道由台灣糖業公司接收後繼續經營，隨後因公路運輸普及而日漸衰退面臨廢線的命運，林園線、旗尾線先後停止客運運輸，1978 年旗尾線停止客貨運輸，至此輕便鐵道全線停止。原有的輕便鐵道路基，多數開闢成公路。

圖 3-4-3：
旗尾線隸屬旗尾製糖所，原為 1909 年高砂製糖會社所興建，同時開始鐵道工程。隔年高砂製糖併入鹽水港製糖會社；1927 年再併入臺灣製糖會社。
（本館藏：KH2018.017.183）

圖 3-4-4：
後壁林糖廠中的載運原料的鐵道設施。
（本館藏：KH2003.008.182-0068）

圖 3-4-5：
日治時期旗尾線是旗山的交通命脈線，旗山驛更是僅次於高雄與屏東的大車站，圖中顯示的是旗山車站中營運的列車。
（本館藏，KH2013.002.017）

## 鳳梨五分車

　　高雄地區自古以鳳山作為農特產品的集中地點。日治時期高雄是臺灣重要的鳳梨罐頭產業集中區，又以鳳山、大樹（九曲堂）最悠久。根據統計，1934 年鳳山街登記在案的罐頭工廠就有 9 間，當中以「臺灣鳳梨罐詰株式會社」最具代表性。1902 年成立的臺灣鳳梨罐詰株式會社，於 1916 年開設一條輕便軌道「苓雅寮線」，自鳳山行經五塊厝、過田子，至苓雅寮。這一條手押臺車線路，不僅運送鳳梨罐頭、米糖等貨物，亦兼營一般客運業務。日治後期，這條路線沿途經過鳳山倉庫、陸軍官舍與兵器補給廠等數處軍事設施，顯然戰爭時期作為軍事用途可能性極大。

圖 3-4-6：高雄州鳳梨農場。（本館藏：KH2018.017.244）

圖 3-4-7：鳳梨罐頭工廠利用鐵道運輸相關產品。
　　　　　（國家圖書館提供）

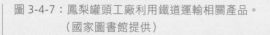

圖 3-4-8：日治時期鳳梨罐頭外包裝紙。（本館藏：KH2006.024.001）

## 田町驛及工業用產業線

日治時期為運送原料，高雄各工廠均會設置相關鐵道側線以連結縱貫鐵路，便利廠區物資運送。1899 年在打狗川（今愛河）畔創立的「鮫島煉瓦工場」，1913 年收編於「臺灣煉瓦株式會社」之下，改名為「臺灣煉瓦株式會社打狗工場」（以下簡稱「打狗工場」）。日治時期高雄地區重要建築物，如高雄市役所、武德殿、愛國婦人會館等多使用打狗工場所生產的紅磚，足見其重要性。為運輸原料及產品，廠區鋪設專用鐵道通往三塊厝車站，稱為「煉瓦會社線」。此外，還有供牛車從凹子底搬運製磚原料的輕便線。

另外，早期的臺灣水泥業均需從海外運送至本島使用。然而，日治初期，臺灣為提供大量的基礎建設與打狗港築港所需的水泥需求，日人淺野總一郎於 1917 年選擇在今壽山設立淺野水泥株式會社打狗工場。選擇壽山設廠主要考量是該區域有豐厚的石灰石，加上有打狗川、鹽田溪的水運之便與鐵道串連，更對於產品運銷帶來助益。為此，縱貫鐵道於鄰近工場設置有「田町驛」，並有側線通往淺野水泥廠。田町驛功能主要以貨運為主。戰後田町驛成為鼓山車站，鄰近有林商號木材廠、大榮鐵工廠等工業聚落，貨運需求量大。直到 1980 年代公路運輸興起，鐵路運輸才慢慢被公路取代。2008 年，鼓山車站裁撤，至 2018 年後高雄市區為配合鐵路地下化，規劃有 7 個捷運化車站，鼓山車站重新於原址設站經營客運，並可轉乘輕軌。

に洋南支南り在に惟內市雄高 　場工社會トンメセ灣臺（雄高灣臺）
。るあで大莫亦も品製るす出輪 　號〇二第寫常地日三十月二年五十和昭
洪可許部令司塞要雄高

圖 3-4-9：臺灣第一座現代化的水泥廠淺野水泥工場。（本館藏：KH2021.033.0002-0005A）

　　1960 年代，臨港工業區設置，為使貨運能加速，廠區均有側線延伸。最早有唐榮鐵工廠申請自費鋪設鐵軌，由臨港線銜接側線，以連接縱貫鐵路。另有中鋼、中島加工區等產業鐵路。產業鐵路的鋪設，不僅運送原物料及成品，亦肩負員工上下班時的通勤任務。1980 年代後期因公路日較為發達，產業鐵路才日漸撤廢。

## 軍用鐵道的秘密

　　鐵道不僅具有經濟發展的價值，更具有軍事上作用。19世紀殖民帝國的力量隨著鐵路延伸，因此平時作為運輸貨物、人員流動的鐵路網絡，一到戰時，便化身為快速組織動員、運送兵力的交通命脈。

　　隨著太平洋戰爭腳步的逼近，高雄成為帝國海軍重要的南進基地，1937年，鐵道更是配合作戰需要，擔負運輸軍事物資之責。同年，海軍選定左營旁的萬丹港作為軍港；1942年於半屏山西麓興建海軍第六燃料廠（簡稱「六燃」）。為串聯左營一帶軍事設施，以縱貫線舊城驛（今左營站）為轉運點，南北各延伸一條支線，建構出完整的軍事專用運輸網絡。南方支線，後稱「桃子園線」，推估1941年竣工啟用，從舊城驛出發，經過前鋒尾、舊城南門，進入軍港區域。

　　另一條向北行進的北方支線，1942年著手規劃，後稱「煉油廠線」或「中油線」。最初用途為搬運「六燃」建廠所需材料設備，「六燃」啟用後，則主要運輸軍事物資。戰爭時期一桶桶的軍事用油，就沿著煉油廠線拖往舊城驛，再轉往桃子園線，直抵軍港碼頭，送往前線，供給船艦、航空燃油等使用。

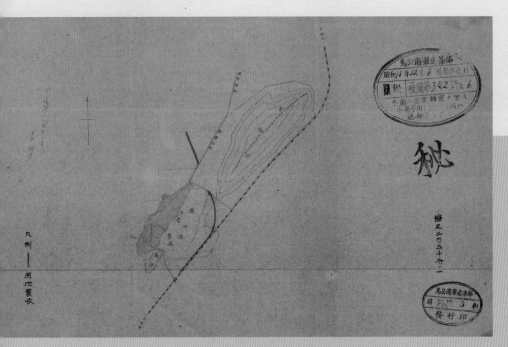

圖3-4-10：
D線用地買收 - 馬公海軍建築部。圖中D線（＝北方支線），主要搬運海軍第六燃料廠建廠用材料設備外，亦將產品運往鄰近左營軍港，作為軍艦航空燃料用途。二戰後，D線成為「煉油廠線」或「中油線」，運送汽油、柴油、甲苯、二甲苯等石化學產品。
（本館藏：KH2020.001.0306）

# 五、高雄的環狀山手線

　　眾所週知，高雄輕軌路網完工看似環繞高雄市區一圈，成為高雄的交通路網一部分。然而，為人所不知的是，輕軌路線與日治時期開始發展出的臨港線在路軌上卻有高度重疊。臨港線興築目的並非為客運發展，成為環狀線更是意外，讓我們從頭說說這段屬於高雄環狀山手線的歷史脈絡吧。

　　高雄市隨著鐵道與港灣的日益發達，無論港口的裝卸量及鐵道乘降人數及貨運量均大幅成長。1934 年高雄驛的旅客人數更突破百萬人次，再加上貨運的發展，均造成於新濱町的高雄驛擁擠不堪。為解決高雄驛的擁擠，並配合高雄市都市發展，因此 1930 年代高雄州提出一套新的都市計畫，以目標 1965 年人口可達 40 萬人口規模進行都市計畫。該計畫中，除了呈現了臺灣第一個工業區－戲獅甲工業區外，另一亮點即是在大港庄一帶新築高雄驛，並配合嶄新的三線道路規劃，重新建立高雄新門戶。為了加強港區與新驛的聯繫，在城市的邊緣規劃設置鐵道，聯結港區及新驛，才有初步的環狀路網出現。

## 臨港線的起點－高雄新驛

　　1936 年 8 月高雄州廳公告「大高雄都市計畫」，嶄新的都市規劃呈現在市民眼前。都市計畫中以新火車站－「高雄新驛」作為都市的新門戶，亦作為臨港線的起點。1938 年起高雄新驛動工興建，3 年後的 1941 年 6 月 20 日正式通車啟用，車站主體以「帝冠式建築」為其特徵，主體的鋼筋混凝土加上日本傳統「唐破風」式屋頂及細緻雕刻，將現代結構和東洋元素完美融合的同時，顯得氣派雄偉。高雄新驛不僅是日治時期最

圖 3-5-1：1938 年興建中的高雄新驛。
（塗木誠治提供）

圖 3-5-2：位於城市中軸線上的高雄驛。
（本館藏：KH1999.004.170）

圖 3-5-3：高雄車站月臺景象，仍可見剛落成時車站旁仍
是農田景緻。（本館藏：KH1999.004.171）

後完成的大型車站，另一特別之處亦在於高雄新驛為客運專用
站，位於新濱町原有的高雄驛舊站，則改稱為高雄港驛，專門
負責處理貨運運輸部份。高雄新驛除車站站體的主要建築外，
也包含月臺及現代化的地下道。在車站的東側設置高雄機務
段、檢車段、調車場、宿舍群等，成為當時臺灣面積最大、最
完整的鐵道作業基地。

## 第一臨港線（臨港線東段）

　　高雄新驛落成後，臨接高雄港區的路線，沿著潮州線共線，經過今民族陸橋後右轉向南，沿凱旋路南行至戲獅甲前鎮一帶，成為臨港線東段的鐵道路線，這段路線，有學者研究指出，完工通車時間應在 1943 年至 1944 年之間。

　　1945 年高雄港區歷經多次空襲。戰爭結束後，港內大小船隻百餘艘沉船，致使港口出入受阻。港區碼頭倉庫、裝卸設備幾近全毀；高雄港站軌道破壞殆盡、機車修復的高雄機廠亦受大火焚毀。臺灣省政府為盡早恢復工業生產，在美援資助下，加速高雄港的整頓擴充，也開始進行鐵道的復舊重建，亦包含在港區的環狀鐵道線。臨港線就在 1950 年代完成環狀接通，並透過側線連接各工業廠區。其中 1950 年代南臺灣最為重要的私人民間工廠－唐榮鐵工廠，為方便原物料成品運輸，便向鐵路局申請鋪設臨港線側線的公司。因此從 1951 年至 56 年間臨港線增加了台碱公司四廠支線、硫酸錏廠支線、唐榮鐵工廠支線、台糖公司碼頭支線、台電公司南部發電廠支線等 11 條廠區側線，側線深入廠區方便卸貨裝載，再由臨港區連通高雄港站。

圖 3-5-4：左為臨港線東段，後方可見民族陸橋，右方則為開往屏東的火車。（本館藏 KH2021.059.0001）

圖 3-5-5：1970 年代高雄加工出口區。
（行政院農業委員會與外交部提供）

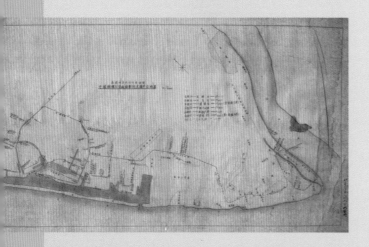

圖 3-5-6：1980 年高雄港第一、第二臨港線平面圖。
（謝明勳提供）

圖 3-5-7：1980 年遠東倉儲股份有限公司正式啟用 71 號
碼頭穀倉。（本館藏：KH2021.003.0105）

## 支援出口－中島線

　　1955 年高雄港完成 10 年清港及復舊工程，出口運輸量能已恢復至戰前水平。為高雄港進一步發展，並解決港埠空間不足的問題，高雄港務局於 1956 年利用美援規劃擴港工程的進行。1958 年正式進行擴港工程，填築近 540 餘頃的海埔新生地，作為工業用地。這其中包含了港區內原有的淺灘地，填築成為新的中島區。隨後在 1966 年將新填築的「中島新商港區」規劃設置為全球首創的「高雄加工出口區」，發展以勞力密集的型態促使產業發展，成為當時開發中國家的經濟典範。

　　1969 年為因應全球海運形態的改變，高雄港務局於中島前端（40-42 號碼頭）興建第一貨櫃中心，新型態加工出口模式配合貨櫃海運，帶動高雄港運輸量能的提升，帶動臺灣產業轉型，奠定高雄港成為世界貨櫃大港基礎。

　　中島的聯外交通，以擴建路和臨港線鐵路為主。臨港線分岐出中島支線，並建有「中島車場」，進入中島區後再分出兩條支線，以環抱加工出口區方式，沿著東西岸兩側鋪設，終點設於中島尾端的第一貨櫃中心。中島支線主要服務東西兩岸碼頭及工廠原料成品之運送，包括貨櫃、砂糖、化學品等。

圖 3-5-8：戰後重新建修的高雄港內的岸壁鐵道。
（臺灣港務公司高雄港務分公司提供）

圖 3-5-9：高雄港 2 號碼頭上的裝卸情形。（臺灣港務公司高雄港務分公司提供）

圖 3-5-10：戰後初期的高雄港站，仍可看見南號誌樓。　　　　　圖 3-5-11：1980 年代的高雄港站。（謝明勳提供）
　　　　　　（臺灣港務公司高雄港務分公司提供）

## 產業新動向－第二臨港線

　　1970 年代，高雄港迎來了貨櫃世紀，1970 年完工使用的第一貨櫃中心，改變了高雄港裝卸的形態，港務局陸續擴建了第二、第三貨櫃中心。為紓解大量貨櫃聯外運輸問題，「第二臨港線」因應而建。1973 年，以臨港線的「前鎮車場」為起點，延伸鋪設「第二臨港線」，連結第二、第三貨櫃中心。「前鎮車場」，設立於 1967 年 3 月，該場是第一臨港線東段最大的調車場也是第二臨港線的起點。1975 年起高雄機廠從鹽埕鼓山路遷至前鎮武慶路，列車調度均需由車場進出，更使前鎮車場繁忙加劇。

　　由前鎮車場出發的第二臨港線，最早由 1973 年 2 月以連結高雄港的第 61 至 66 號碼頭第二貨櫃中心及中油儲運中心，1977 年再延伸到第三貨櫃中心、第 72 號碼頭穀倉及中國鋼鐵公司，並陸續增添相關側線。因為大型貨櫃專用碼頭及鐵路聯運，使高雄港的貨櫃裝卸作業如虎添翼，運量節節高升，更因廠區運輸能加速貨物流通，使側線利用率高。第二臨港線延伸至中鋼公司後，臺灣省政府甚至計畫將臨港線延伸至林園工業區，最後接回鳳山及其鄰近的後庄，形成一個比第一臨港線更大的環狀鐵路網絡。然而，因土地使用問題，讓這個計畫最後不得不作罷。

圖 3-5-12：臨港線上載送黃小玉（黃豆、小麥、玉米）的穀斗車。（臺灣港務公司高雄港務分公司提供）

圖 3-5-13：臨港線常可見到危險物品的罐車。影像中為 22 號碼頭中油苓雅寮儲運站。（臺灣港務公司高雄港務分公司提供）

# 六、百年城市新願景

　　高雄 1960 年代，隨著加工出口區的設置，緊接著 1970 年代的的大煉鋼場、造船業、石化業等工業發展，吸納大量移民往城市集中。城市人口快速成長，1976 年高雄市人口達到百萬。1979 年 7 月高雄市合併小港區，升格為院轄市。高雄市區的擴張，讓原先位於城市邊緣線上的鐵路線，卻成為了猶如城市發展的分割線，將城市分割出南北兩大區域，獨自發展。早期的交通往來都繞經民族或自立陸橋、中華路或更遠的平等路平交道，對於上下班通勤族苦不堪言。高雄車站及鐵路廊道隨著城市的擴大，卻成為發展的阻隔。

　　為加速連結城市網絡，突破交通瓶頸，高雄市政府於 1985 年在高雄車站下方動工興建地下道，連接前站中山路與後站博愛路。1987 年 10 月 10 日中山地下道的通車，串連了南北往來的交通動脈，加速北高雄的發展。然而，就在臺北車站地下化工程完工後，其減緩城市交通瓶頸及平交道停等時間有著立竿見影的效果。至此，高雄市民開始企盼鐵路地下化工程解決城市交通黑暗期。

## 新門戶的建立－高雄車站遷移與地下化

　　1990 年代初期，政府便提出高雄都會區大眾捷運系統、南北高速鐵路及鐵路地下化工程，開始進行實質評估作業。其中，將高雄車站列為「三鐵共構」的核心區域，並規劃設置高雄車站特定區。然而，對於使用了近 50 年帝冠式樣式的高雄車站，其形象已深入高雄市民心中，並作為城市地景的一環。因此在高雄都會區鐵路地下化工程最早的綜合規劃階段，未見保留帝冠式車站，便引起地方人士的不滿，鐵道文史團體及專家皆呼籲保存車站。然而，官方當時卻是想將車站拆除後移置 1 公里外的民族陸橋附近再行組立。

1998 年，謝長廷市長上任後積極推動高雄都會區大眾捷運系統進程，對於車站存廢，討論更廣。以高雄市政府的立場，是傾向保留主體建築，以保存高雄市區內難得的文化資產。然而，該如何保留車站，讓工程單位傷透了腦筋。當時提出如捷運紅線繞過車站的「就地保護」或抬高車站在站體下施工隧道的「就地托底」等方案，卻因為考量捷運施工、涉及經費及土地徵收問題過於繁雜而作罷，最後決定以將車站平移 86 公尺的「遷移保存」為最終方案。2002 年 3 月 27 日夜裡，在時任市長謝長廷的見證下，高雄火車站最後一班列車，緩緩駛出月臺。那個曾經屬於高雄人的車站，正式卸下了交通任務。

　　車站遷移工程於 2002 年 8 月 16 日動工，歷史緣份總是如此巧妙，1937 年承攬施作高雄新驛的營造公司為清水組。2002 年施作車站遷移的工程單位則同為「清水建設株式會社」在臺子公司吉普營造公司承作。整個遷移工程歷時 14 日，共平移 82.6 公尺，據當時負責遷移的工程技師說，當時在機具平臺上放置一杯裝滿的水，遷移的過程相當平穩，未見杯水外溢。

　　遷移完成的車站，陸續進行後續的工程，包含站前廣場前的紅色鯉魚雕像及老站建物裂縫修補作業，至隔年 1 月全部遷移工程才算竣工。車站的遷移保留了高雄重要的城市地景與文化資產，卻也無形地改變了高雄人的生活習慣。2003 年車站遷移後，為進行捷運工程，將中山地下道回填，並改設立中博臨時高架橋，以維持中山路與博愛路的串連。車站暫遷他處，等待著轉型為鐵路地下化後仍能繼續作為高雄門戶。

圖 3-6-1：2002 年高雄車站正進行遷移的過程。
（張利聰先生攝影／維基共享資源）

## 高雄捷運規劃與施工

　　高雄捷運是臺灣次於臺北都會區後第二座投入營運的大眾捷運系統。高雄捷運於 1980 年代末期便由行政院規劃相關路網規劃及可行性報告。後因政府邀集民間參與大型工程開發案的風潮影響下，1999 年 2 月，高雄市政府公告「徵求民間參與高雄都會區大眾捷運系統紅橘線路網建設案」，正式以 BOT（Build-operate-transfer）方案興建高雄捷運系統。

　　該建設案中由政府處理前期土地徵收作業、用地取得，同時進行土建工程，由民間投資捷運路軌、機電系統，並於完工後，交特許經營至 2037 年 10 月。2000 年 5 月，由中國鋼鐵公司邀集其他公司共同成立的「高雄捷運股份有限公司籌備處」獲評定為最優申請人，並與高雄市政府完成簽約後，於 2001 年 10 月開始動工興建。歷經 8 年時間興建，2008 年 3 月及 9 月第一階段路線－紅線與橘線先後通車。捷運通車不僅為全臺灣第二座城市捷運系統，也改變了高雄城市的發展的重心。捷運沿線的部分車站，如美麗島站、中央公園站等，以獨特的在地元素，成為城市新地標。

圖 3-6-2：2017 年 9 月 26 日全臺首條輕軌於高雄誕生，亦是亞洲第一條全線採無架空線的水岸輕軌。（莊建華提供）

圖 3-6-3：
高雄港臨港線的跨越鐵橋。
（臺灣港務公司高雄港務分
公司提供）

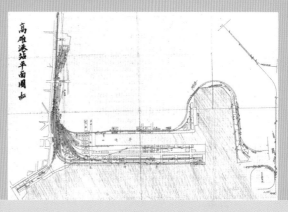

圖 3-6-4：1980 年的高雄臨港線平面圖。（謝明勳提供）　　　圖 3-6-5：1970 年的高雄臨港線平面圖。（謝明勳提供）

## 臨港線的蛻變與輕軌的誕生

　　臨港線於 1970 年代貨運量達到高峰，然而，隨著 1978
年中山高速公路通車，臺灣進入公路運輸時代。公路的低成本
及機動便捷，使得鐵路貨物運輸量逐年減退。1990 年代起，臨
港線沿線工廠陸續關閉，各段一一終止運行。尚未完全中止貨
運之前，2001 年配合首度移師高雄的「臺灣燈會」，首次開
行「燈會列車」，引起熱烈迴響，也促成「港市合一」。2003
年更改裝一列麥當勞餐車，取名「嘟嘟火車」，每日行駛臨港
線繞高雄一圈，成為熱門觀光話題。

　　第一臨港線（高雄港站 - 前鎮車站）於 2008 年停運；第
二臨港線於 2011 年廢止，結束見證高雄港百年發展歲月。伴
隨燈會列車的熱潮及亞洲新灣區計畫，市府開始進行「臨港線
輕軌化工程」，並活化沿線的歷史建築，推動文化產業與觀光。
高雄環狀輕軌自 2013 年動工、2017 年第一階段（籬仔內站 -
哈瑪星站）全線通車。原來具有軍事、工業特色的臨港線，成
功轉型為市民親近的水岸輕軌，塑造新型態的都市風貌。

## 鐵道文資保存的課題

2008 年高雄港站廢站，作為縱貫線海運聯運的端點，亦為屏東線及臨港線的起點。高雄港站擁有獨特的鐵道文化及文物。1908 年高雄港驛落成後，高雄一直承擔著海陸聯運的節點，與城市街廓構出城市紋理，融入歷史脈絡之中。如何保存屬於高雄特殊的鐵道記憶，並予以利用活化，成為鐵道文化資產保存的重要課題。

### 1. 舊打狗驛故事館

舊打狗驛故事館位於高雄捷運西子灣站 1 號出口，前身為「高雄港站」，其源流最早可追溯至 1908 年縱貫鐵路通車打狗第二代停車場。1930 年代高雄驛單日進出旅客人數超過百萬人次，南部重要農特產品均透過鐵道往碼頭輸送。繁忙的高雄驛，曾因鐵道平交通頻繁有列車經過，造成市中心交通壅塞，可以想像其交通繁忙的程度。為解決高雄驛的擁塞情形，1941 年 6 月高雄驛遷往大港庄，專辦客運。原有高雄驛改稱為高雄港驛，專辦貨運。1945 年，盟軍轟炸高雄港，鐵道設施亦受損嚴重，包含機關車庫、高雄鐵道工場及高雄港驛本身，均難逃轟炸命運，使列車正常營運受阻。1947 年，高雄港站才於原有位置南方 20 公尺處重新建立站房。重建後的高雄港站仍然持續扮演著全臺灣最重要貨運轉運的功能，一直持續至 2008 年 11 月 9 日裁撤為止。

圖 3-6-6：昔日的高雄港站，今已改建為「舊打狗驛故事館」。

高雄港站歷史見證城市鐵道歷史的起源，2003 年被文化局登錄為歷史建物，當時便有輿論要求將站房改為「鐵道博物館」。2010 年 10 月 24 日，在鐵道文史工作者、高雄市政府文化局、鐵路局三方共同合作，將原有站房轉化為「打狗鐵道故事館」，館舍完整保留 1960 年至 1970 年代高雄港站貨運相關文物，包含有路線圖、貨運標示牌等鐵道文物。其中高度還原了當時的站長室，並保存有 1951 年至廢站前的臺灣鐵路管理局公報，相當珍貴。2017 年 9 月為配合高雄輕軌哈瑪星站的通車，10 月 1 日起更名為「舊打狗驛故事館」。

圖 3-6-7：高雄港站月臺。（莊建華提供）

圖 3-6-8：哈瑪星鐵道文化園區。（本館藏，KH2013.027.034）

## 2. 鐵道文化園區

隨著 2008 年高雄港站、鼓山站及臨港線西段，卸下重擔走入歷史，高雄港站的土地開發轉型也引起各方關注。開發與保存力量互相彼此拉距，民間為計畫爭取全區保留高雄港站及其週邊土地，免於重要的鐵道文化資產淪為商業開發區域，鐵路局方面則認為該區域是高雄市區稀有的大面積土地，具有開發價值，高雄市政府則在開發與保存之間，多次辦理都市更新計畫。

幾經折衝，最終文化局於 2010 年先行將高雄港站站房轉型為「打狗鐵道故事館」。文化局召開文化景觀審議會決議保留這塊具有海陸聯運歷史發展的場域並公告以「高雄港站及週邊舊港區鐵道線群與建物群」DFS 進行保留。保留下來的鐵道文化園區，不僅有北號誌樓、高雄港站站房、舊打狗驛第一代月臺、高雄港站內的軌道、轉轍器、號誌等設備。

也因為暫緩開發的緣故，目前鐵道文化園區與駁二藝術特區相連，形成港口與鐵道串聯的大片公園，提供市民假日休閒娛樂的新去處。每逢假日有更多人流連於此，進行放風箏等活動。

## 3. 北號誌樓

　　高雄港站鐵道不僅延伸至港區岸壁碼頭、更作為臨港線、縱貫線及潮州線的調度站場。在高雄港站內調度的貨車車輛相當頻繁。列車軌道股數非常龐大，為了精準控制列車行進，便有號誌樓作為控制軌道的信號塔臺，利用機械閘柄扳轉轉轍器，開通進路及顯示號誌。

圖 3-6-9：
日治時期北號誌樓與高雄鐵道工場。
（本館藏：KH2003.008.155-0020a）

　　隨著高雄港站擴建及站場鐵道佈線的複雜，1923 年及 1938 年數度新築信號所，增加調度及控制的能力。1945 年盟軍空襲致使高雄港區嚴重損壞，但號誌樓並未完全摧毀，因此在 1947 年修復後又扮演著客貨列車調度的重要使命。隨著臺鐵號誌系統的全面更新，1970 年代後期，各車站的信號樓陸續拆除，只有像高雄港站這類遵循傳統調車運作方法的號誌樓被留下來。高雄港站除北號誌樓外，亦有南號誌樓，南號誌樓則於 2002 年捷運興建時，因位置處於站體的連續壁上，而遭到拆除，並沒有被保留下來。

圖 3-6-10：
20 年後，高雄車站重新返回城市的中軸線上。（朱上均攝影／提供）

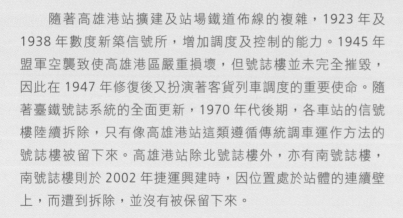

　　臺灣目前僅存的 4 座號誌樓中，僅有北號誌樓的連接號誌樓機械聯鎖裝置與現場轉轍器的鐵管群及相關機械組件獲得最大的保留。2008 年 11 月高雄港站廢站後，隨著 2010 年高雄港站主體作為「舊打狗驛」而被保留下來。然而，就在高雄市政府文化局 2019 年完成對其進行修復暨再利用規劃後，著手進行修復的同時，於 2020 年 5 月 13 日北號誌樓慘遭祝融，使二樓木造結構的部分受損，一樓則因為屬磚造及混凝土結構，幾乎沒有受損。部分文物亦有程度不一的損害程度。幸而，在文資修復的過程中，盡力挽回及恢復原有價值，降低了火災的損害。

圖 3-6-11：
鐵路地下化工程完工後，釋放出的土地，不僅縫合市區，
市政府規劃為綠園道，供民眾作為休閒用地，此為原高雄
機檢段拆除後的 71 期重劃區。（高雄市政府提供）

## 4. 高雄帝冠式車站的遷移保存

　　2002 年，為執行高雄捷運施工，不得不對高雄車站進行遷移，卻也留下大型站體保存的新典範。讓人們重新思考車站不僅作為交通節點的公共建物，更是見證城市發展的地景基因，高雄人何其有幸的保留了屬於自身城市的歷史建物。高雄車站成功轉移的典範也影響了日本。2003 年古都奈良 JR 車站進行高架化及擴建工程時，日本建築學會及奈良市民便請願保留超過 70 年，與高雄車站有類似建築風格的奈良車站站體。2003 年奈良市決定斥資 4 億日圓進行遷移，隔年 5 月動工將站體往北移動 18 公尺。保留下來的奈良車站，成為總合觀光案內所，繼續接待來訪此地的遊客。

　　2018 年 10 月 14 日，高雄市區鐵路地下化工程第一階段完工鐵路切換下地營運。市政府著手開始著手處理地下化後騰出的路廊，並進行城市縫合。首先取消沿線 7 處平交道及 16 處公路立體交叉設施，並陸續拆除及填平橫跨市區的大順陸橋、青海陸橋、自立陸橋、自強陸橋，填平中華地下道等，直至 2021 年 2 月最後一座穿越鐵路線的中博高架橋拆除，象徵高雄市區內已無跨越鐵路的立體交叉路廊。地下化完成後解決了因平交道所衍生的交通壅塞外，亦使交通路網完備，如新庄子路的貫通，不再因鐵路線而阻隔，串聯鐵道兩側生活圈，縫合高雄南北地貌及景觀，達到區域平衡發展，增進土地利用價值。

　　地下化工程完工後，市民均引頸期盼舊帝冠式站體遷回城市中軸線的工程進行。2021 年 7 月 26 日，交通部開始啟動站體遷回工程，工程進度為先行北移 4.8 公尺後，8 月 22 日後再向西平移 57.86 公尺，全部工程於 9 月 26 日進行安座儀式，也象徵著高雄車站於 2002 年 3 月後遷移後，再次完成回到城市的中軸線，繼續扮演下個世代高雄新車站門戶。

# 結語：海洋城市 下個百年的新願景

過去的一百年，高雄從小漁村蛻變為工業大城，河流、港灣、鐵道分別承載著高雄蛻變的不同任務；正處於轉型關鍵時期的高雄，河流、港灣、鐵道，仍將扮演不可或缺的角色。

幾乎在古高雄平原形成時，三大河已經存在於平原。隨著平原範圍不斷擴大，河川逐漸變長而蜿蜒。當古人類來到高雄平原，河川提供了維持生存的水分及食物來源，有時也帶來災害，人類對河川是既親近又敬畏。進入歷史時代的高雄，無論是農業時期的水圳，抑或是邁向工業化的運河，河流總是推動文明前進。然而，隨著文明進程，卻拉遠人與河的距離，河水也逐漸不再清澈。現今高雄人已經意識到要善待曾經滋養萬物的河川，透過治理與改造，重新拉近與河川的距離。未來一百年，高雄河川將回復清澈如昔，魚兒水中悠游景象重現，人們快樂與水共舞。

高雄是依港而生的城市，城市發展與港口關係緊密，百年前的築港計畫，讓港口晉身為現代化港口，城市規劃也因港而起。數十年來，港口設備隨著時代變遷而日新月異，但一道牆卻阻隔市與港的連結，阻絕市民與港親近的渴望。本世紀初，圍牆藩籬撤除，人們開始重新思考港與市的關係。高雄港現代化發源地舊港區，正逐漸褪去貨物運輸的任務；駁二特區、棧貳庫、鐵道園區的打造，已經創造城市亮點；未來港市繼續積極合作，轉化港區閒置空間，進行水岸開發，讓高雄港搖身成為屬於高雄人的親水港灣。

貨櫃化運輸潮流趨勢，促成了全球化市場的形成，港灣南側的新港區將持續走在潮流前端，擴充相應設備，擔負聯繫世界經濟的主要運輸方式。而位於高雄港濱的戲獅甲，曾經引領高雄走向工業都市，在階段性任務告一段落後，繼續汲取國際港灣城市開發經驗，引領高雄產業轉型，打造亞洲新灣區成為下世代科技應用先驅者，帶領產業與人才南向，達成南北均衡發展的願景。

鐵道是百年來肩負連結高雄平原與高雄港的關鍵角色，官線鐵路及各私有鐵道將中南部的人與貨送往迎來，濱線、臨海線鐵路串聯港灣各區域互通有無，人因鐵道而盡其力，貨因鐵道而暢其流。現今因產業轉型，濱線、臨海線鐵路已功成身退而由輕軌取而代之；左營至鳳山的鐵路隱身於地下，繼續執行運輸任務，原有的地上鐵路廊道開始變身為綠園道；近年來，還有高雄捷運、高速鐵路兩個新成員加入鐵道運輸行列。展望下個百年，舊鐵道廊道變身的綠園道縫合都市紋理，提供市民休憩運動環境；捷運連結到更遠的地方，串聯結成環狀線的輕軌，帶著民眾暢遊市區與港灣；高雄因鐵道而四通八達。

透過河流、港灣、鐵道不斷地變身與進化，未來的一百年，我們期待著高雄從工業大城轉型為國際港灣、宜居城市的新願景，那時的高雄，將是臺灣最璀璨明亮的海洋首都。

# 大高雄歷史常設展感謝

## 指導單位

文化部 MINISTRY OF CULTURE　　文化部文化資產局　　高雄市政府文化局 Bureau of Cultural Affairs Kaohsiung City Government

## 策展諮詢

王御風、古庭維、李文環、李佩蓁、張守真、曾國恩、黃裕元、楊仁江、廖德宗、劉金昌、劉益昌、謝仕淵、謝明勳。（按姓氏排列）

## 特別感謝

E世代鐵道工作坊、Loren Aandahl、Thomas H. Hahn、中央研究院人社中心GIS專題中心、中央研究院數位文化中心、中華電視股份有限公司、台灣中油股份有限公司、台灣自來水公司坪頂給水廠、台灣自來水公司拷潭給水廠、台灣自來水公司第七區管理處、台灣尋根文教科技股份有限公司、台灣電力股份有限公司高屏發電廠、台灣糖業股份有限公司、外交部、交通部臺灣鐵路管理局、交通部臺灣鐵路管理局高雄機廠、交通部臺灣鐵路管理局運務段、交通部鐵道局南部工程處、交通部觀光局茂林國家風景區管理處、地球公民基金會、行政院農業委員會、林志明、林朝祥、社團法人台灣濕地保護聯盟、長榮海運股份有限公司、春臨臺灣文化事業坊、洪慶宜、看見．齊柏林基金會、看見．齊柏林基金會、琉球新報社、財團法人台達電子文教基金會、財團法人台灣基督長老教會台灣教會公報社、財團法人時報文教基金會、財團法人陳澄波文化基金會、高屏溪攔河堰管理中心、高雄市永安區公所、高雄市立美術館、高雄市政府工務局、高雄市政府水利局、高雄市政府海洋局、高雄市政府捷運工程局、高雄市政府都發局、高雄市政府新聞局、高雄市政府農業局、高雄市茄萣舢筏協會、高雄捷運股份有限公司、國史館、國史館臺灣文獻館、國立臺灣大學圖書館、國立臺灣博物館、國立臺灣圖書館、國立臺灣歷史博物館、國家自然公園管理處、國家發展委員會檔案管理局、國家圖書館、堀川正弘、連偉志、郭俊傑、視覺關鍵廣告事業有限公司、陽明海運股份有限公司、黃坤富、塗木誠治、經典攝影工作坊、經濟部水利署南區水資源局、萬海航運股份有限公司、臺北市立美術館、臺灣港務股份有限公司高雄港務分公司、盧昱瑞、賴春標、蘇水龍。（按筆劃順序排列）

THE HISTORY OF
KAOHSIUNG

# 大高雄歷史
## 常設展

發行人｜李旭騏

作　者｜莊天賜、莊建華
策畫督導｜王舒瑩
行政策劃｜莊建華

常設展專刊審查顧問（按姓氏筆順）
王御風、李文環、謝明勳

執行編輯｜行政法人高雄市立歷史博物館
美術編輯｜野去創意有限公司
封面設計｜野去創意有限公司

指導單位｜文化部、高雄市政府文化局
出版發行｜行政法人高雄市立歷史博物館
地　址｜803003 高雄市鹽埕區中正四路 272 號
電　話｜07-5312560
傳　真｜07-5319644
網　址｜http:/www.khm.org.tw

專案執行｜野去創意有限公司
地　址｜高雄市鼓山區捷興二街 18 號
電　話｜0930969255

印　刷｜英倫國際文化事業股份有限公司

ISBN｜9786267171066（精裝）
GPN｜1011101059

定　價｜800 元